U0655139

中华精神家园

物宝天华

瓷器故乡

瓷器文化与艺术特色

肖东发 主编　李俊勇 编著

中国出版集团
现代出版社

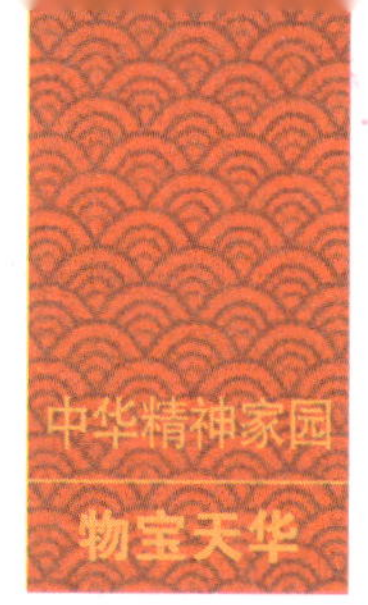

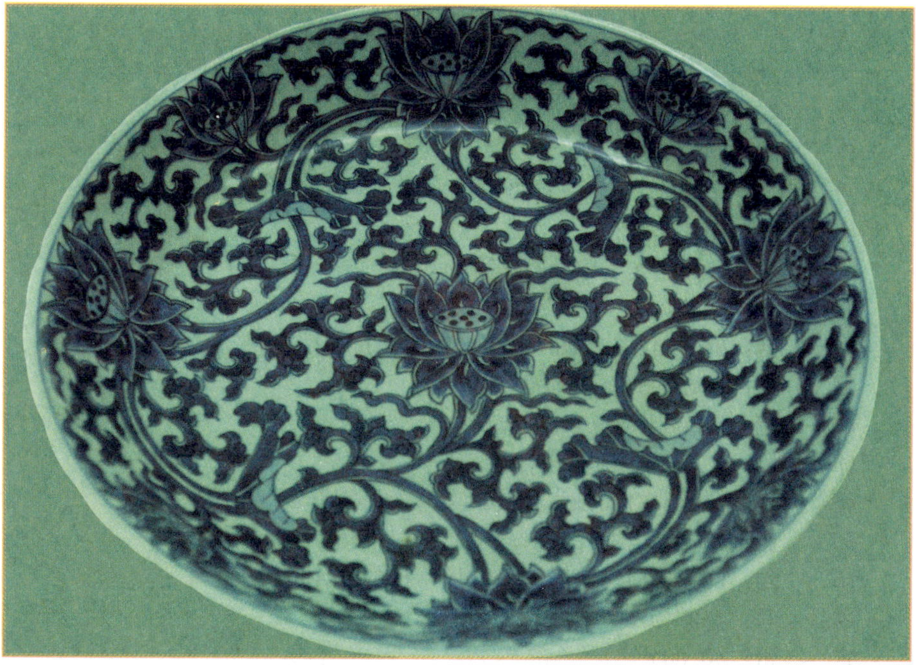

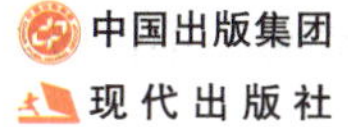

图书在版编目（CIP）数据

瓷器故乡 / 李俊勇编著. — 北京：现代出版社，2014.10（2021.7重印）
（中华精神家园书系）
ISBN 978-7-5143-3017-5

Ⅰ. ①瓷… Ⅱ. ①李… Ⅲ. ①瓷器（考古）—介绍—中国 Ⅳ. ①K876.3

中国版本图书馆CIP数据核字(2014)第236242号

瓷器故乡：瓷器文化与艺术特色

主　　编：肖东发
作　　者：李俊勇
责任编辑：王敬一
出版发行：现代出版社
通信地址：北京市定安门外安华里504号
邮政编码：100011
电　　话：010-64267325 64245264（传真）
网　　址：www.1980xd.com
电子邮箱：xiandai@cnpitc.com.cn
印　　刷：三河市嵩川印刷有限公司
开　　本：710mm×1000mm　1/16
印　　张：11
版　　次：2015年4月第1版　2021年7月第3次印刷
书　　号：ISBN 978-7-5143-3017-5
定　　价：40.00元

党的十八大报告指出："文化是民族的血脉，是人民的精神家园。全面建成小康社会，实现中华民族伟大复兴，必须推动社会主义文化大发展大繁荣，兴起社会主义文化建设新高潮，提高国家文化软实力，发挥文化引领风尚、教育人民、服务社会、推动发展的作用。"

我国经过改革开放的历程，推进了民族振兴、国家富强、人民幸福的中国梦，推进了伟大复兴的历史进程。文化是立国之根，实现中国梦也是我国文化实现伟大复兴的过程，并最终体现为文化的发展繁荣。习近平指出，博大精深的中国优秀传统文化是我们在世界文化激荡中站稳脚跟的根基。中华文化源远流长，积淀着中华民族最深层的精神追求，代表着中华民族独特的精神标识，为中华民族生生不息、发展壮大提供了丰厚滋养。我们要认识中华文化的独特创造、价值理念、鲜明特色，增强文化自信和价值自信。

如今，我们正处在改革开放攻坚和经济发展的转型时期，面对世界各国形形色色的文化现象，面对各种眼花缭乱的现代传媒，我们要坚持文化自信，古为今用、洋为中用、推陈出新，有鉴别地加以对待，有扬弃地予以继承，传承和升华中华优秀传统文化，发展中国特色社会主义文化，增强国家文化软实力。

浩浩历史长河，熊熊文明薪火，中华文化源远流长，滚滚黄河、滔滔长江，是最直接的源头，这两大文化浪涛经过千百年冲刷洗礼和不断交流、融合以及沉淀，最终形成了求同存异、兼收并蓄的辉煌灿烂的中华文明，也是世界上唯一绵延不绝而从没中断的古老文化，并始终充满了生机与活力。

中华文化曾是东方文化摇篮，也是推动世界文明不断前行的动力之一。早在500年前，中华文化的四大发明催生了欧洲文艺复兴运动和地理大发现。中国四大发明先后传到西方，对于促进西方工业社会的形成和发展，曾起到了重要作用。

中华文化的力量，已经深深熔铸到我们的生命力、创造力和凝聚力中，是我们民族的基因。中华民族的精神，也已深深植根于绵延数千年的优秀文化传统之中，是我们的精神家园。

总之，中华文化博大精深，是中国各族人民五千年来创造、传承下来的物质文明和精神文明的总和，其内容包罗万象，浩若星汉，具有很强的文化纵深，蕴含丰富宝藏。我们要实现中华文化伟大复兴，首先要站在传统文化前沿，薪火相传，一脉相承，弘扬和发展五千年来优秀的、光明的、先进的、科学的、文明的和自豪的文化现象，融合古今中外一切文化精华，构建具有中国特色的现代民族文化，向世界和未来展示中华民族的文化力量、文化价值、文化形态与文化风采。

为此，在有关专家指导下，我们收集整理了大量古今资料和最新研究成果，特别编撰了本套大型书系。主要包括独具特色的语言文字、浩如烟海的文化典籍、名扬世界的科技工艺、异彩纷呈的文学艺术、充满智慧的中国哲学、完备而深刻的伦理道德、古风古韵的建筑遗存、深具内涵的自然名胜、悠久传承的历史文明，还有各具特色又相互交融的地域文化和民族文化等，充分显示了中华民族的厚重文化底蕴和强大民族凝聚力，具有极强的系统性、广博性和规模性。

本套书系的特点是全景展现，纵横捭阖，内容采取讲故事的方式进行叙述，语言通俗，明白晓畅，图文并茂，形象直观，古风古韵，格调高雅，具有很强的可读性、欣赏性、知识性和延伸性，能够让广大读者全面接触和感受中国文化的丰富内涵，增强中华儿女民族自尊心和文化自豪感，并能很好继承和弘扬中国文化，创造未来中国特色的先进民族文化。

2014年4月18日

瓷之源起——商周原始瓷器

瓷成精品——秦汉时期瓷器

瓷韵玉质——隋唐时期瓷器

瓷国气象——宋元明清瓷器

商周原始瓷器

瓷器是我国古代一项伟大发明，在漫长的历史岁月中，勤劳智慧的我国先民点土成金，写下光辉灿烂的篇章，为人类文明作出了巨大的贡献。

从我国陶瓷发展史来看，一般是把“陶瓷”这个名词一分为二，为陶和瓷两大类。相对来说，经过高温烧成、胎体烧结程度较为致密、釉色品质优良的黏土或瓷石制品才被称为“瓷器”。

我国瓷器的发明和发展，有着从低级到高级，从原始到成熟逐步发展的过程。早在商代，我国即出现了原始青瓷。

从彩陶到商代的原始瓷器

从传说中的黄帝开始至夏朝，是以彩陶来标志其发展的。尧传天下于舜，舜传天下于夏禹，禹则传给其子，便开始了所谓的“家天下”。

夏王朝可以说是我国历史上的第一个朝代，加之后来的商朝、西周和东周，统称为“夏商周时期”，期间经历了近2000年的时间。

夏代彩陶鸟首盖罐

我国瓷器产生于何时，一直众说纷纭。但在夏代及之前的遗址及墓葬中，从未发现过有瓷器特征的物品，只有一些以粗砂灰陶为特征的陶器。

我国原始陶器开始于距今7000年左右。最早的彩陶发源

仰韶彩陶

地在黄河流域，尤其以陕西省的泾河、渭河以及甘肃东部比较集中。甘肃省东部大地湾一期文化，不仅在器形上比较规整，而且绘有简单的纹饰，是世界上最早出现的彩陶文化之一。

仰韶文化距今约7000年，是我国新石器时代彩陶最丰盛繁华的时期。它位于黄河中游地区，以黄土高原为中心，遍及河南、山西、陕西、甘肃、河北、宁夏等地。

仰韶文化的制陶工艺相当成熟，器物规整精美，多为细泥红陶和夹砂红陶，灰陶与黑陶较为少见。其装饰以彩绘为主，于器物上绘精美彩色花纹，反映出当时人们生活的部分内容及艺术创作的聪明才智。

陕西省西安市半坡遗址在河流的岸边，因而半坡的彩陶有汲水尖底瓶、葫芦、长颈瓶，另外还有盆类、罐类。

陕西省西安临潼姜寨发现的仰韶文化时期彩陶瓶，高54厘米，口径6.5厘米，此瓶为细砂红陶，是当时的汲水工具，小口，尖底，深腹，腹侧有两耳，可

黄帝 为中华人文初祖，我国远古时期部落联盟首领。本姓公孙，长居姬水，因改姓姬，居轩辕之丘，故号轩辕氏。出生、建都于有熊，故亦称有熊氏，因有土德之瑞，故号黄帝。他以统一中华民族的伟绩载入史册。黄帝居五帝之首。

人面鱼纹彩陶盆

系绳。当瓶空时，重心靠上；汲水时，瓶倒置水中，水便注入瓶内，使重心下移，瓶自动竖起，使用方便。

这是仰韶文化遗存中特有的产品，设计美观，实用性很强，体现了当时仰韶人的智慧。

半坡彩陶早期纹饰，多为散点式构图。也就是说，在一件器型上，装饰往往只占据器面的一小部分，纹样一般是自然形态的再现。

半坡纹饰的形象可爱，表现了人类童年的天真稚气和与自然的亲切关系。仔细体味，有人与自然融为一体的感觉，可以说是半坡人原始生活的记录。

在陕西、河南、山西三省交界地区为中心的庙底沟文化，彩陶花纹则更加富于变化，以弧线和动感强烈的斜线体现变形的动物形象。日常生活中所常见的鱼、鸟、猪以及人类自身都被作为装饰纹样。这些纹饰的描绘手法都很生动，布局合理，是原始绘画的佳作，也是研究我国绘画史的可靠形象资料。

距今约4000年的马家窑文化，是由半坡文化派生发展的古羌集团的一个分支。与之相关的另外两个支系是半山文化和马厂文化，是龙山文化之后又一个辉煌时期。

马家窑文化类型的陶器，表面都经过打磨外理，器表光滑匀称，以黑色单彩加以装饰。

夏代有一部分陶器与很多玉器、青铜器一样，承载着礼仪的功能。其纹饰一方面赋予了陶器外在形式的瑰丽，另一方面又承载着特定的文化意味和精神特质，成为夏代先民宗教崇拜和统治权力的象征，这突出地表现为陶器上的动物纹饰。

夏都二里头遗址的一陶片上还出现了刻画的龙纹，一头双身，头朝下，眼珠硕大外凸，在线刻龙纹的线条内涂有朱砂，眼眶内被染成翠绿色。

这件刻龙涂朱的陶器，应为祭祀的神物，而非现实的日常生活用具。

夏代一透底器的外壁也塑以盘龙形象，龙身刻画菱形纹，底部为雷纹。

夏代陶器中龙纹装饰的大量出现充分证实了《列子》所言夏后氏“人面蛇身”、帝孔甲“御龙以登天”的神话传说，以及夏人常以龙为化身和以龙为族徽的社会习俗。

夏代陶器在烧成工艺上有些进步，出现了能产生更高温度的馒头窑：窑室呈圆形弧壁，并向上逐渐收敛，封顶隆起形似馒头，故名。馒头窑可以提高陶器的烧成温度，因此，陶器的质量也得以提高。

夏代出现的刻纹白陶和薄壳白陶，由于它们原料质量的处理很不精细，胎和釉结合不牢，容易剥落，而温度控制和火候掌握

龙 我国古代传说中的一种神异动物，具有9种动物合而为一之“九不像”的形象，为兼备各种动物之所长的异类。其能显能隐，能细能巨，能短能长。春分登天，秋分潜渊，呼风唤雨。封建时代，龙是帝王的象征，也用来指至高的权力和帝王的东西。其与白虎、朱雀、玄武一起并称“四神兽”。

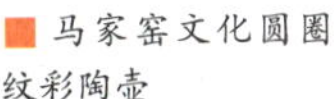

■ 马家窑文化圆圈纹彩陶壶

夏代白陶盉

还不够熟练，因此只能视为原始瓷器的雏形。

夏传至桀，治理不善，商汤自立为帝，所以说以征讨得天下者，自汤开始。

商代陶器在烧成工艺上有很大提高，馒头窑成为主要的窑形。在江南地区新出现一种比馒头窑更为先进的陶窑，称为龙窑，比如，在浙江上虞、江西吴城均发现了商代龙窑。这种窑一般依山势建在山坡上，窑身呈长条形倾斜砌筑，外观上形似一条龙从下而上，故名龙窑。

龙窑比起横穴窑、竖穴窑、馒头窑来，有多种优点，因依山而建呈倾斜向上状窑炉本身就有自然抽力，窑炉火势大，通风力强，升温快；可根据生产需要和技术条件，增加窑的长度，从而提高窑的装烧量，还比较容易维持窑内的窑炉气氛，这就使商代陶器有很大发展。

比如，河南郑州发现的一件陶尊，即可看作瓷器的前身，表面有印花图案玻璃釉，高28.2厘米。

与此同时，有一部分陶器开始用高岭土做胎子的原料。这样一来，一方面可以提高温度，使胎质坚致、不渗水；另一方面可以使胎的颜色由深变浅，提高了洁白度。加上器表再施用一层用草木灰和瓷石配合而成的高温釉，并经过1300摄氏度以上的高温烧制，使胎釉结合在一起，因此这些器物已具备了瓷器的雏形。

但当时制作工艺水平比较低下，胎中还是含有一定量的铁的成分，再加上在略低的温度中烧结，颜色较深、透光性较差；又因工艺不稳定，铁含量和烧成气氛不能自如地控制，釉色也不好掌握，所以此时的瓷器还具有一定的原始性，这就是原始青瓷。

河南省郑州商代墓葬中，发现了两件较为完整的青釉瓷尊。该瓷是由高岭土制成，里外都涂有一层较薄的透明青色釉。

其中一件青釉瓷尊高27厘米，器表还有几块较厚的玻璃质绿色釉，明亮光滑，胎釉结合较密，烧成温度较高，达1200摄氏度以上，叩之有金石之声，完全具备瓷器的特点。

这件郑州商代青瓷尊被称为我国瓷器的鼻祖。另外一件青釉原始瓷尊，高11.5厘米，口径18.3厘米。

原始瓷器在黄河中下游地区的河南、河北、山西和长江中下游地区的湖北、湖南、江西、江苏等商代中期遗址和墓葬中都有发现，其创制的时间，远在3500多年前。

在河南省郑州等地的商代遗址上，发现很多带釉的瓷尊、瓷罍和瓷罐等，以及这些器物的碎片，胎骨细腻坚硬，烧成温度在千摄氏度以上，叩之有金属声。

在山西夏县东下冯遗址发现的一批原始青瓷片，属于距今4000余年前的龙山文化晚期。

商代青瓷尊

长江中下游当时的青釉瓷生产较为发达，釉色多呈青黄，在氧化焰中烧成。中原地区的青釉瓷，釉色多呈青绿，在还原焰中烧成。

由于原始青瓷的原料

原始瓷器

处理和坯泥炼制还比较粗糙，没有经过精细的过滤、淘洗、捏练、陈腐等工艺过程，因此原始瓷器的胎质比较坚硬，颜色多呈灰白色和灰褐色，并有少量胎质为纯白稍黄。

器表釉色以青色最多，并有一些豆绿色、深绿色和黄绿色。会产生裂纹，导致釉色不稳、薄厚不均，且有露胎流釉等现象。

有件商原始青瓷豆，豆由上部的盘和下部的座子两部分组成。盘内施黄色釉，釉层不均匀。底座不施釉，露胎处有氧化的火红色。从胎、釉看，当时的还原气氛还不能自如地控制。

此时，其造型大致可分为两大类：一类是模仿当时流行的青铜器造型，以尊、簋、匜、瓮、盂、豆、钵、鼎等为主；另一类是民间使用的生活器皿，如罐、盘、碗、壶等。

有件商原始青瓷云雷纹尊，高18.2厘米，尊的肩部刻印有云雷纹，是仿同期青铜器上的纹饰。胎质呈灰白色，无吸水性，通体施青灰色釉，釉层薄，有流釉现象。敲击时能发出铿锵的声音，是我国古代瓷器的早期形态。

带釉的瓷罍

装饰以印纹为主要方法。器

商代原始瓷豆

表的釉下除少数为素面外，多饰有方格纹、篮纹、叶脉纹、锯齿纹、弦纹、席纹和“S”形纹，并有一些圆圈纹与绳纹。

商原始青瓷鸭形壶因壶外形似鸭子而得名，通体施青釉，釉薄而不均匀，由于釉的配方以及烧成温度不高，釉层有脱落现象。壶把的装饰较有特色，显然是模仿青铜器的装饰。

商代后期的原始瓷器，基本上是承袭商代中期发展而来的。但在形制上和品种上，却较商代中期有所增加，在烧制和使用范围上也有了扩大，质量也有了提高。

胎质颜色仍以灰白色为主，并有少量青黄色、淡黄色和灰色。器表釉色多为青色和豆绿色，也有少量酱色、淡黄色、绛紫色。

商代后期器表釉下拍印的几何形图案纹饰有方格纹、锯齿纹、水波纹、云雷纹、叶脉纹、八字纹、网纹、翼形纹、圆点纹、划纹、弦纹和附加堆纹等。

商代原始瓷高领罐，通高24.4厘米，口径16.5厘米，底径16厘米。表面有黄褐色釉。敞口，直颈，

云雷纹 古代器物上一种典型的纹饰。基本特征是以连续的“回”字形线条所构成。有的作圆形的连续构图，单称为“云纹”；有的作方形的连续构图，单称为“雷纹”。云雷纹常作为纹饰的地纹，用以烘托主题纹饰。也有单独出现在器物颈部或足部的。

商代陶罍

折肩，腹上段斜收，下段近直。器面饰圈点纹和凹弦纹。

此器造型飘逸，以圈点纹和弦纹为主纹，也是吴城文化陶器最主要的装饰特点之一。

还有一件商代原始瓷青釉弦纹罐，高31.4厘米，口径20厘米，底径9.3厘米。罐口外折，短颈，溜肩，肩以下内收，平底。

肩与腹部的过渡有明显的折角。口内外饰弦纹，其中肩部饰凸起弦纹及锯齿纹共10道。表面施青釉，釉层薄而不匀。

阅读链接

陶瓷分为陶和瓷两大类。通常把胎体没有致密烧结的黏土和瓷石制品，不论其是有色还是白色，统称为陶器。

其中把烧造温度较高，烧结程度较好的那一部分称为“硬陶”，把施釉的一种称为“釉陶”。

相对来说，经过高温烧成、胎体烧结程度较为致密、釉色品质优良的黏土或瓷石制品称为“瓷器”。

西周原始瓷器逐渐兴起

商朝上下共统治600余年，一直到纣王被周武王征灭，于是天下归于周。在这数百年间，除日用餐饮器皿之外，祭祀礼仪所用之物也大为发展。

西周原始瓷的胎釉特征基本和商代相同，但质量较商代有所提高，胎质普遍细腻，基本不吸水，釉层一般比较薄，常见施釉方法有浸釉和刷釉，浸釉较之于刷釉，其胎釉结合较好。这一时期原始瓷和商代的不同主要是在造型和纹饰方面。

西周原始瓷盘口尊

西周时期，烧造陶器的窑炉主要还是馒头窑，龙窑的使用还是相当少。但西周时原始青瓷的制作工艺有所提高，生产的范围也更加广阔。江南地区

■西周原始瓷卣

原始青瓷的发现量及器形比北方黄河流域多且丰富。

西周时，釉已成为瓷器的必要组成部分，不仅起隔水、利于清洁的作用，而且有装饰器物使之美观的功能。

釉是一种玻璃体，由于其所含的金属作用，在施用于瓷器上时，会产生各种颜色。原始青瓷上的釉都呈青色，这是由于釉中含有适量氧化铁所致。

西周时期瓷器器体的制作较商代讲究外观的规整，瓷器釉面普遍具有一定的光泽。器体装饰仍采用原体刻画、拍印纹饰为主的“素体”装饰技法，器物纹饰除大多延续商代的装饰纹饰外，曲折纹、划刻斜方格纹也开始大量流行。

西周时期瓷器的器形除继续流行尊、钵、盘等器型外，还出现了几种新器型，如盂、瓮等，此时尤以罐、罍的制作最为著名，此类器形在我国河南省和北京西周初期大型墓葬中均有发现。

罍 古代的大型盛酒器和礼器。其流行于商晚期至春秋中期。体量略小于彝，罍有方形和圆形两种，方形罍出现于商代晚期，而圆形罍在商代和周代初期都有。从商到周，罍的形式逐渐由瘦高转为矮粗，繁缛的图案渐少，变得素雅。

其中尤以河南省洛阳出土的一件双系双耳罐为此期瓷器的代表作。此器敞口低领、折肩深腹、小圈足、其肩部塑起对称双系和泥条盘塑的双耳，器外通体施一层透明的青绿色玻璃釉，但施釉不均，器面布有斑痕。

器物装饰较有特色，除以刻画七道旋纹和三层联体“人”字形纹环绕其肩外，其余部分不施加任何纹饰，通体给人以庄重之感。

河南省洛阳还发现有西周原始瓷青釉划花双系罐，高13.1厘米，口径8.4厘米，底径8.3厘米。罐敛口，折腹，束腰，圈足。肩两侧各置一横系。肩部刻画水波纹及弦纹。罐身施青釉。

此罐的造型如同鱼篓，小口，大腹，以增其容量。这是西周早期原始青瓷器的造型特征。

北京市西周初期墓葬中发现有原始瓷弦纹双耳罐。盘口，直颈，圆鼓腹，平底。肩部饰扁状树叶形竖系两个，器壁满饰弦纹。釉青色。造型规整大气，纹饰简单明晰。

安徽在商周时期是淮夷聚居地，当地发现了一件原始瓷壶，高14厘米，口径6厘米，重0.6千克，表面呈淡黄色，釉色不十分均匀光洁，以凸起的直棱为饰。这件瓷壶的出土，表明了当地在西周时期出现了原始制瓷工艺。

西周原始瓷器的胎色仍以灰白色为多。釉色主要是青绿色和豆绿色，并有少量黄绿色与灰青色。

河南省洛阳林校西周车马坑中发现一件西周瓷瓮，口径31厘米，腹径54厘米，高42厘米，它

釉 是覆盖在陶瓷制品表面的无色或有色的玻璃质薄层。是用矿物原料和化工原料按一定比例经过研磨制成釉浆，施于坯体表面，经一定温度煅烧而成。能增加制品的机械强度、热稳定性和电介强度，还有美化器物、便于拭洗、不被尘土腥秽侵蚀等特点。

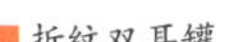
折纹双耳罐

西周印纹陶罐

敛口、折沿、溜肩、扁圆鼓腹、小平底。通体施青釉，釉层不均匀，多处有流釉现象，显得有些粗糙。

有一件腰比水桶还粗的瓷瓮，其烧结度、胎质釉色、渗水性已基本达到瓷器标准，是我国发现的最大的原始瓷器。

瓮内壁发现8周泥条盘筑的痕迹，每周宽约5厘米，说明这件瓷器是通过泥条盘筑的方法制作的，即先将拌好的泥搓成长条，并保持泥条粗细均匀。

然后，把泥条连接在一块事先做好的器底泥片上，并用手指在里面把它压紧，根据造型再一层一层地将泥条堆积起来盘高，将坯体里面抹平，以使泥条之间连接更紧；最后，泥条盘到一定高度后收口。

如果想以泥条盘筑法一次完成一件大作品或一件很复杂的作品，是较困难的。因为要有一定强度才能继续盘高，而且连接部位要保持一定的湿度，才能保持坯体之间的粘接性。

在盘筑过程中，还要把握好泥的干湿度，注意掌握好造型的轮廓线。以泥条盘筑法创作的作品特点是古朴、流畅，富于变化。

西周时期原始瓷器器表的花纹装饰也日趋简单，除素面外，其釉下纹饰为几何形图案，有方格纹、篮纹、云雷纹、席纹、叶脉纹、齿状纹、划纹、弦纹、S形纹、乳钉纹、圆圈纹和曲折纹等。

拍印的图案纹饰在西周原始瓷器上已很少施用。纹饰仍以纹理较粗的绳纹为主，另有一些划线纹、篦纹、弦纹、刻画三角纹等，这时附加堆纹已很少使用。

西周印纹夹砂陶罐

在造型上，以袋状足、圈足、平底为主要特征。比如，一件西周青釉锯齿纹四系罐，高27厘米，直斜短颈，丰肩，腰部至脚处渐斜收，圈足，全身施青釉，厚薄不匀明显。还有一件西周青釉大口尊，高12.3厘米，口径18.7厘米，足径12.5厘米，简朴而实用。

西周晚期的原始瓷器多为豆、尊、罐、壶等生活用具。在北京市琉璃河，河南省洛阳市、襄城县，陕西省长安县、扶风县、宝鸡市，江苏省丹徒县、句容县、金坛县、溧水县，浙江省义乌县、德清县、衢州市，安徽省屯溪市等地，都曾发现为数众多的西周时期的原始瓷器。

屯溪原始瓷壶

安徽省屯溪发现有西周原始瓷带柄壶，高13.6厘米，口径5.6厘米，通体施以淡棕色釉，呈短颈鼓腹形，器身用密布的弦纹来装饰。还发现有西周原始瓷三系

卣 是古代一种器皿。盛行使用于商代跟西周时。当时用来装酒用。所以外观上大部分是圆形、椭圆形，底部有脚，周围雕刻精美的工艺图案。

罐和原始瓷尊，罐高12.3厘米，口径11.4厘米；尊高17.7厘米，口径17厘米。

陕西省长安县发现的西周原始瓷豆，高7厘米，口径13厘米，足径7.8厘米。豆盘敛口，浅腹，粗柄，圈足侈大，釉呈青色。

西周原始瓷罐，高19厘米，口径11.9厘米，底径16.5厘米，敞口、矮颈、鼓腹、大平底，上腹置有对称绳纹状双系，器腹饰有变体云雷纹。施黄褐色釉，施釉不均，底无釉。

同类型的还有西周原始青瓷罐，通体施青花色釉，釉层薄而均匀。釉下刻有云雷纹装饰，这种几何形的纹样西周开始较为流行。此时的器物造型比商代更为规整。

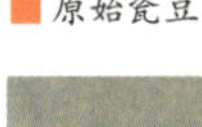

原始瓷豆

江苏省金坛发现西周原始瓷青釉弦纹索耳盂，折腹，实足，底部露胎处刻有“△”形图记。内外通体施青褐色釉，有剥釉现象。

另一件西周原始瓷青釉弦纹索耳盂釉呈深豆绿色，尽管没有釉层脱落现象，但釉面不均匀。

器物造型显然是模仿青铜器。弦纹、锯齿纹等纹饰是西周流行的典型纹样。

西周陶鬲

浙江省德清明联乡发现西周原始瓷印花双耳簋，高34.2厘米，口径20厘米，底径18.5厘米，束口、无颈、折肩、直筒形腹，平底，器面修整不平、内外施釉不匀。下沿至上腹对称二绳索。上腹拍印重线水波纹和云雷纹。

德清皇坟山发现西周至春秋时期的原始瓷卣，高18.2厘米，口径11.5厘米，底径14厘米，敞口、折肩，肩上有“S”形装饰，腹弧直，大平底。上腹部有陶耳一对，器表饰变体云雷纹，施青褐色釉，施釉不均。

阅读链接

西周时期是我国青铜文化的鼎盛时期。这一时期的陶器已经丧失了前一时期的无可替代的重要地位，青铜礼器和生活、生产用器成为社会风尚的主流，陶器虽然在一定程度上还保持着传统的面貌，但器型、纹样模仿青铜器的做法相当流行。

烧陶窑炉的发展为冶炼青铜炼炉的创制提供了启示；而能用火候较高的温度冶炼青铜，又为改进陶窑炉进一步烧制出耐温较高的白陶器和原始瓷器创造了条件。

春秋时原始青瓷得到提升

东周又可以分为春秋、战国两个阶段。春秋时期的瓷器的烧制更加集中和专业化。此时烧制的瓷器，和西周原始瓷器相比，质量又有提高，在胎质烧结性能和器表施釉技术等方面已不同于原始青瓷。

春秋瓷器的器型有敛口、深腹圆鼓、平底罐，敛口、扁圆腹、平底瓿，敛口、浅腹圆鼓、平底盂，大敞口平底碗和器盖等。在造型上有精致的加工，多仿青铜器，如提梁三足鼎、整套编钟等。

春秋原始青瓷

春秋原始瓷如意纹筒形罐，敛口，束颈，折肩，筒形深腹，平底。肩部饰弦纹一组，肩部两侧各塑一“S”形附加堆纹，纹饰华丽古典。

春秋时期青釉三系鼎

春秋时瓷器釉质多呈灰白色，并有一些黄白色和紫褐色。釉分青绿色、黄绿色和灰绿色。器表的釉下纹饰主要是大方格纹和编织物纹。而在黄河中下游地区春秋时的原始瓷器则很少发现，所见的也只有釉下饰印方格纹的敛口、深腹圆鼓平底罐。

春秋晚期，江浙一带的原始瓷器成型工艺，从泥条盘筑法，改为轮制，因而器型规整，胎壁减薄，厚薄均匀。

有一件春秋青釉印纹罐，高29厘米，口径13.7厘米，底径20.5厘米，直口、低领、折眉、筒形深腹微鼓、平底。通体满饰蟠螭纹图案带条。器表施青褐釉，造型美观，装饰华丽。

瓷器的产生与发展和其他器物一样，有着由低级到高级，由原始到成熟的发展过程，春秋时期原始瓷器的主要生产区域在江南地区，这可能与这个地区盛产瓷土原料有着一定的联系，春秋时期的瓷器较之前的瓷器质量有了很大的发展。

有件春秋原始青瓷三足鼎，高10.6厘米，口径16.9厘米。敛口，口沿外侈，短颈内收，折肩，扁圆腹，圜底，3个矮锥状足，肩部有对称双耳根又耳间的腹部两侧又各饰一条锯齿形附加堆纹竖条。通体满饰锥刺纹，器表施黄绿色薄釉。造型精巧美观，装饰

如意纹 如意系指一种器物，柄端作手指形，用以搔痒，可如人意，因而得名。也有柄端呈“心”字形的。按如意形做成的样，借喻“称心”“如意”，与“瓶”“戟”“磬”“牡丹”等成民间广为应用的“平安如意”“吉庆如意”“富贵如意”等吉祥图案。

簋 盛放煮熟的黍、稷、稻、粱等饭食的器具。商周时，簋是重要的礼器，特别是西周时代，它和列鼎制度一样，在祭祀和宴飨的时候以偶数组合与以奇数组合的列鼎配合使用。据记载，天子用九鼎八簋，诸侯用七鼎六簋，卿大夫用五鼎四簋，士用三鼎二簋。

华丽，是一件具有较高工艺水平的原始瓷器。

在江苏省常州市武进区淹城遗址，发现了春秋原始青瓷簋，高12厘米，口径20.5厘米，腹径27厘米，底径20厘米。器形为撇口，束颈，圆鼓浅腹，圈足，平底。肩部贴附绹纹环耳一对，两耳侧贴有“S”形的堆纹装饰，并不规则贴塑雏鸟7只，做栖息状，其中两鸟与两耳对称间距，与腹部的两条凸棱相连。

簋的腹部采用剔刺法制成密密匝匝的锥刺纹，横向排列为8个层次。小鸟的轻松稚拙与锥刺纹的深沉神秘融为一体，形成强烈的独特效果。其精巧的构思、高超的技艺令人观而叹之。

这件瓷簋胎质细腻，制作精良，除器底外，内外施青灰色釉，釉面薄而匀净。胎釉烧结紧密，叩之有清脆之音，足证当时的制瓷工艺已趋向成熟。

瓷簋造型仿商周青铜礼器，肃穆质朴，古气盎然，装饰技法运用了盛行于青铜器上的浮雕堆贴而散发着青铜时代的艺术风韵，表现出当时工匠的丰富想象力和娴熟的技巧，其绹纹耳和“S”形附加堆纹，又具有南方地域特征，为一件珍贵的原始瓷器。

陶印纹瓿

江苏省丹阳春秋墓中发现一件原始瓷鼎，高9.5厘米，口径17.9厘米，腹径18.8厘米，侈口，束颈，浅圆腹，三足粗短。胎体坚致，釉色茶黄。腹部装饰4排锥刺纹，并堆塑3条竖向扉棱与三足相连。扉棱顶端各饰一“S”形堆纹。内壁见不规则螺旋纹，此鼎为春秋南方原始瓷的典型器。

硬陶几何印纹罐

春秋时期是龙纹发展的新时期，龙纹瑰丽多姿，神人蛇龙的浪漫世界开始出现。这时的龙都是兽体，爪是三趾，细尾而卷，张大口，头有角呈后卷状。

春秋时期也是我国社会发生重大变革的转折期，龙纹样也在这一时期发生了很大的变化。龙角也由商代粗短的蘑菇形，发展为曲层和分枝。同时，还出现了龙蛇、龙凤、龙虎以及动物纹与谷纹的组合，空间结构变化为多样。

浙江省发现的春秋原始瓷鉴为大件器型，平沿、深腹，底置三足，外壁对称塑有伏螭虎。器表光亮，施釉不均，腹壁饰有戳印纹。

浙江省还发现有春秋原始瓷刻纹筒形罐，高27厘米，口径19.5厘米，上面也有精致的龙虎纹。

阅读链接

春秋时期，在吴、越两国境内，青瓷器被广泛地代替了青铜器和漆器的使用。这一时期的青瓷器不仅造型和类别比较复杂，其纹饰也趋多样化。

从商代、西周和春秋等时期，原始瓷器在胎质、釉色、花纹装饰和常见器形等方面有着一脉相承的发展关系。

但在烧成温度和施釉等方面，西周和春秋时期的原始瓷器确比商代时期的原始瓷器有了明显的提高，基本上接近了秦汉时期早期的青瓷器。

造型精美的战国原始青瓷

战国时期，原始瓷的生产和使用较西周、春秋时期更加进步和广泛，胎泥处理更精细，火候更高，釉色更稳定，成型更先进，由前一时期的泥条的盘筑改进为多轮制成型。这时的原始瓷胎细，致密坚硬，多为灰、灰白色，亦有紫色等。釉厚薄较均匀，多里外满釉，一般呈青色或青上泛黄，不太容易剥落。

战国原始瓷的烧成窑炉有馒头窑和龙窑，都不太大，往往和印纹硬陶同窑烧造，并且除少数扁圆垫珠外，没见使用其他窑具，所以烧成的质量不一，战国原始瓷在当时还是一种较高档的用器。

战国印纹悬鼓座

相对精美的战国青瓷作品中，首推的是一

件龙形提梁壶，高21.8厘米，小口低领，口上盖有平顶直壁带钮盖；宽肩，扁圆腹，圆底，三兽蹄形足；壶身上下满布云雷纹，中部和顶部各有一圈阳工弦纹。

战国印纹盉

龙形提梁壶身前部有龙首形流，龙首上印有勾连云纹。与之相应的壶身后部塑有一只虎形兽，兽身上有谷纹作装饰。壶身上部有一象征龙体的六方拱形提梁。提梁前端有一对螺旋状龙角，上端为两组齿形脊棱，末端有一条蛇形龙尾。

壶盖的装饰也非常别致，最外端为一圈斜线纹，紧接着是一圈较大的云雷纹，中间是一圈纽丝纹，里面又一圈小云雷纹，中心为一只捏塑的鸟形钮。

龙形提梁壶表满涂青绿色釉，系江浙地区早期越窑产品。该壶上的动物造型装饰应代表青龙、白虎、朱雀、玄武四神兽的早期雏形。壶嘴和提梁为青龙，虎形兽为白虎，鸟形钮为朱雀，扁圆形壶身为玄武。

龙形提梁壶几乎囊括了我国古代青瓷制作与装饰工艺的所有技法，它将盘、拉、粘、轹、刻、印、脱、修等技法集于一身。仅观察它们的轹坯工艺就与众不同之处。

与此壶同期的还有4件造型各异的战国青瓷鼎和一件青瓷洗。其中一对大鼎，高22厘米，深腹圆底，

四神兽 也叫四象、四灵。春秋战国时期，由于五行学说盛行，所以四象也被配色成为青龙、白虎、朱雀、玄武。四神兽在我国古代中另一个主要表现就在于军事上，在战国时期，行军布阵就有“前朱雀后玄武，左青龙右白虎”的说法。

战国瓷盆鼎

方唇，子母口，盖上分立3个双孔鸟形钮，中心置一桥形钮，上饰双勾“S”纹和鼓钉纹。

鼓形盖面上有5道阳工弦纹，弦纹之间布满云雷纹。鼎口下沿有一圈阳工弦纹。两壁有长方形竖耳，下有3个外撇的方棱形高足。

与上述双鼎大小相似的另外一件釜形盘口鼎，鼎上虽然没有各种装饰性花纹，但造型也十分庄重。盘形敞口，折沿，沿上有一对称六棱环状双耳，径内收；扁圆腹、圆底，3个外撇的高足呈方形，鼎内外施满青绿釉。此外还有一件小鼎和一件洗。

这批青瓷是出于同一窑口，甚至出于同一工匠之手。它们的造型和纹饰均仿造战国青铜器的式样，端庄古朴，有一种令人肃然起敬的王者风范。它们最突出的共同特点就是工艺复杂，制作精良。

商、周至六朝的青瓷圆器，绝大部分在制坯过程中都只修外壁不修内壁，内壁上都留有盘压和拉坯时留下的螺旋状压痕或指纹。但是这批青瓷器不但修轹外壁，而且内壁也修轹得极其规整。

从那些保留在器物内外的犀利刀痕，可以清楚地知道，在2200多年前的战国晚期，我国陶瓷的成型工艺已从慢轮制作转向快轮制作，与此同时，我们的祖先已经掌握了极其娴熟的制瓷技法。

王者风范 代表着某种行为标准，指一个人是否具备拥有帝王将相般的模范。在历史上，一个帝王的行为规范最能体现出这个国家人民生活的行为准则。其表现为大度，但对于别的细节又很认真，拥有无与伦比的观察力；有心计，最重要的是要有领导能力，而且要在做事前确立目标，在做的过程中，不利欲熏心。

青瓷即原始瓷的出现，是我国陶瓷发展史上的一次飞跃，揭开了人类瓷器发展的序幕。

原始青瓷在西周与春秋时期得到了蓬勃发展，在北至北京，南达广东，东抵海滨，西到陕西、甘肃的广大地区内的西周和春秋遗址或墓葬中，都曾发现过多少不等的原始青瓷器或碎片。说明原始青瓷的影响范围在这一时期已有了扩大，其中仍以长江以南与东南沿海地区数量较多。

线纹 是古代陶器纹饰。是用缠绕细线的拍子拍印陶坯表面造成的纹饰，表现为线纹的规律性排列，排列方向或横或竖或斜。仰韶文化的平唇直口凹腰尖底陶器上多见线纹。

战国是我国社会制度由奴隶制向封建制的转型期，铁器在人们日常生活中已开始普遍使用。战国初期，由于地处江南的吴、越两国战争频繁，致使青瓷制造手工业的主产地江浙地区的陶瓷生产出现萎缩。

战国晚期，主要战场也由南方转向北方。这一时期，江浙人民的生产和生活都相对平稳，青瓷生产也得到了迅猛发展，开始由“原始”逐步走向成熟。

战国龙形提梁壶

战国瓷器一般纹饰很少，主要有“S”形纹、栉齿纹，碗盘内底往往有一细密的由里到外的螺旋纹，外底有一道道切割的线纹。主要器形有饮食器碗、盘、钵、盂、盅、碟等，及仿铜礼器鼎、钟等。

战国原始青瓷双耳水盂，高5.5厘米，口

战国瓷器三足壶

径6厘米，底径7厘米。平口，鼓腹平底，肩部各置一小耳。

战国原始瓷青釉水波纹盖鼎，高19厘米，口径19厘米，足距17厘米。鼎仿同时期青铜器造型，口沿下对称置双耳。直腹，平底，下承以外撇三足。

器表施青釉，胎色灰白。鼎附圆形盖，盖顶中央置一小系，四周对称分布3个小钮。盖面施青釉，以3道弦纹为装饰带，其间刻画简单的水波纹。

水盂 又称水丞、砚滴，在古代则直呼为“水注”。其主要作用是为了给砚池添水，最早出现在秦汉。它的形制多种多样，千变万化，但以随形、象形居多，另一些则是圆形的，或扁圆，或立圆。水盂被称为文房“第五宝”。此物小巧而雅致，最能体现文人雅士的审美情趣，故在文玩类的工艺品中，属于品位较高的藏品。

战国原始瓷俑钟，造型真实地模仿青铜制品，精巧而逼真。战国时期越国崛起，这件瓷俑钟说明古越人的原始制瓷技术进入了鼎盛时期。

不过，战国时青瓷的胎质一般不够纯净，质地较松散，胎色也多有变化。这些都是受当时的制烧条件所限。战国青瓷在原料制备上还属于早期阶段，淘洗不够精细，更不存在机械粉碎和加工。烧制用窑炉不但体积小而且结构简单，很难严格控制温度和把握气氛。

由于江浙地区生产青瓷所用原料含硅量较高，含铝量较低，所以很容易玻化，在1200摄氏度左右就可以获得瓷化程度较高的产品，敲击声清脆悦耳。战国

战国原始瓷甗

青瓷的瓷化程度往往要高于北方各窑口的瓷器。

战国时期原始瓷提梁盉，高17.7厘米，口径7厘米，盉直口，圆腹，下承以三兽形足，流为兽头状，壶体另一侧饰一卷曲短尾。提梁为弓形，顶部两端饰有锯齿形棱脊，肩、腹部饰以4道连续的水波纹。

此盉造型古朴端庄，釉色青中泛黄，施釉均匀，纹饰简洁明快，富有动感，是原始瓷中的佼佼者。

战国青瓷的釉色、釉质及施釉痕迹都很有特点。首先是釉色。战国青瓷的釉色虽然有青绿色、黄绿色和酱色等多种颜色，但是它们有一个共同特点就是要与胎体的颜色协调一致。

造成瓷器颜色变化有两大因素：一是元素成分；二是烧成环境，也就是烧成的温度和气氛因素。战国青瓷胎和釉的基本材料是一致的，也就是说它们是用同一种黏土作原料，只是在釉子里面多加入了一种天然熔剂草木灰。

战国瓷双系罍

战国时期，青瓷的釉层普遍较薄，少数产品釉稍厚，釉

■战国印纹三足缶

厚处有明显橘皮现象，被称其为“麻癞釉”。

造成这种现象的原因有两点：一是釉的高温黏度较大，缺少流平性；二是作为基料的黏土和作为熔剂的草木灰未能均匀地分散与充分结合。

这是因为当时的人们在使用草木灰作熔剂时，还没有掌握陈腐、漂洗、粉碎等工艺，只是通过简单的筛选后把它与黏土搅拌在一起，所以灰与土之间不能均匀地分散与充分结合。通过观察战国青瓷的施釉痕迹也说明了这一点。

由于未经过陈腐、漂洗、粉碎等深加工工艺处理的灰比重较轻，而黏土的比重较重，它们在釉液中会出现上下分离现象，灰浮在表面，土沉在底层，因此在上釉时不能采用蘸釉工艺，只能采用浇釉工艺。

所谓浇釉，就是用勺子一边反复搅动釉液，避免灰土分离，一边向坯体表面浇洒。采用浇釉工艺制作的瓷器，釉面有较多“泪痕”现象，胎釉结合部位参差不齐，没有环状蘸釉痕迹。青瓷的浇釉工艺从商代一直延续到西汉，东汉以后才普遍采用蘸釉工艺。

有件战国印“S”纹青瓷罐，通高6.8厘米，腹径7.3厘米，底径5厘米。此罐内外满釉，内外满釉者较为少见，外釉青中闪黄，内釉青中闪灰。

顶有梯形式扁钮，中间圆孔，全器分3层，顶层

弦纹 古代陶器纹饰。纹样是刻划出单一的或若干道平行的线条，排列在器物的颈、肩、腹、胫等部位。出现于新石器时代，商周普遍流行。弦纹广泛应用在新石器时代陶器上。弦纹有细弦纹和粗弦纹两种。细弦纹像一条细长的带子平缚于陶器之上；粗弦纹作宽带状，中间呈凹槽状，犹如板瓦，亦称瓦纹。

钮周印双排“S”形纹，肩周一圈素面无纹，腹至足胫印4排“S”形纹；底为环形式，全器采用盘筑法成型。手感适中，器形巧爱。

而且，战国青瓷圆器已经开始使用快轮制作，在盘、碗等小件器物上已察觉不到泥条盘筑的痕迹，大多数只在内壁有一圈圈螺旋状压痕，底足也不修饰，用割线从轮子上割下的痕迹依稀可见。

镳斗 常与形状如钵、胎壁较厚、口沿置对称半环形双鼻的火盆共存，说明镳斗被搁置于火盆上，盆中加放炭火即可用来温食，应是模仿“暖锅”而作。外出途中可作温食用具，军旅多用之。

镳斗，又称“刁斗”，初始于春秋战国时期，战国时出现原始瓷青釉镳斗，高10.3厘米，口径16厘米，足距12.5厘米。镳斗仿青铜器腹部置横柄一个，底下承以三足。腹上部饰弦纹两周，器内外施青釉。

还有战国原始青瓷龙柄提梁壶，高19厘米，围径63厘米，这样造型规整的器物并不多见。这件战国原始青瓷提梁壶是当时流行于贵族阶层的一种酒具，虽说装饰略少，但外形上运用了简洁流畅的曲线，圆满古拙的器身上一条纤细方形青龙为提梁，向人们展示有器型、有线条、有神光的威严，有艺术的夸张，视觉上整体稳重又不活泼，给人以精神与艺术的双重享受，实为一件珍贵的艺术品。

战国青瓷双耳罐

战国早期的青瓷罍非常罕见，有一件青瓷罍高约40厘米，最大腹径近60厘米。罍身通体施以青黄色“疙

礼器 我国最早的礼器出现在夏商周时期，主要以青铜制品为主。礼器是陈设在宗庙或者是宫殿中的器物，常在祭祀、朝聘、宴飨以及各种典礼仪式上使用，除此之外，礼器还用来显示使用者的身份和等级。

瘩釉”，釉面莹润，釉层均匀，胎釉结合好，该罍直口、丰肩、鼓腹、平底，线条流畅简洁，造型古朴典雅。器身外表从上至下分段装饰：肩部由瓦楞直线压纹构成，肩部以下、腹部以上有一圈带状装饰，带状装饰为“S”形印纹，再向下又是一圈和上部类似的瓦楞纹。器身肩部两侧，有对称的带环系。

这件青瓷罍手工拉坯，多泥条盘筑，器型规整，胎质细腻致密，胎壁均匀而薄，釉色青中泛黄，有相当高的工艺水准，是同类器物中的佼佼者。从窑口上分析，可能为早期的浙江德清窑烧制。

在远古的时候，部族有人死去，活着的人认为死者的灵魂并没有死，而是到了另一个世界去生活，活着的人出于友爱的心理，把死人当作活人一样供奉，用礼器和乐器随葬。

我国为礼仪之邦，礼器在我国文化中占有重要位置。在古代，我国祭祀祖先的鼎、鬲等器皿，被赋予神圣的含义。冶金业出现后，人们用青铜器去铸造礼器，以示对祖先的虔诚。随着生活水平的提高，贵族在日常生活中盛食器皿也有刻意的讲究，各级贵族因身份地位不同，使用不同规格的盛食器，也称为礼器。

■战国瓷鼎

礼器是身份与地位的象征，当时礼制有规定，

一般百姓家里是不可能使用礼器和乐器的。中原一带的诸侯国都用青铜器作为礼器，而越国礼器却都是仿青铜的瓷器。浙江省德清亭子桥窑址，就是一处战国时期专门为越国王室和上层贵族烧造高档生活和丧葬用瓷的窑场。

战国原始瓷罐

越国青铜原料比较珍贵，当时越人比较务实，他们把青铜原料主要用在兵器和生产工具上，以加强军事发展增强国力，随葬品就用仿青铜器的青瓷替代了。

亭子桥窑址生产的年代是越国最强盛的时期。当时，吴越两国战争频繁，德清在战国时期，位于吴越两国的交界地带。越王勾践灭吴后，德清归越。

同时，这里有丰富的高岭土，它是制作青瓷必备的原材料；烧窑需要水，将烧成的器物运往全国各地也需要有水路通行，窑址附近的东苕溪无疑是最好的水源和交通运输通道。

亭子桥窑址发现了大量碗、瓷杯、瓷盆等日常器皿，还有仿造青铜礼器、乐器等的高档瓷器，许多产品都显得烧成温度很高，胎质细腻坚致，釉面匀净明亮，釉色泛青、泛绿，胎釉结合良好，产品质量已达到了成熟青瓷的水平。

勾践 春秋末期越国国君，前497年—前465年在位，因为他是大禹的后代，越王允常之子，所以姓姒，名勾践，又名菼执。他曾败于吴，屈服求和，后卧薪尝胆，发愤图强，使越国终成强国。

特别是亭子桥窑址产品中，有一大批烧成很好、

战国出土瓷器

体形硕大厚重的大型器物，如高近50厘米、底座直径达60厘米、胎体厚达2厘米的悬鼓座；高48厘米、腹径35厘米、胎厚2厘米的镂孔瓶，高17厘米、口径达35厘米的三足盆。还有众多高30—40厘米、腹径40—45厘米的罍与罐等。

烧造这类胎体特厚的大型器物，从成型到装烧，再到烧成温度的控制，都具有很高的要求。

这些大型器物的烧制成功，代表了亭子桥窑址原始青瓷生产的最高水平，更体现出亭子桥窑址已具有了比较成熟的制瓷技术。

在其他地方还发现有战国青釉瓷瑞兽，体态健硕，神情威猛；战国原始青瓷香熏，口径 5厘米，高24厘米，可以看作香炉雏形。战国时期，也出现了原始白瓷的萌芽，如战国白瓷笔洗，单色白瓷，卵白釉，高6.5厘米，腹径12厘米，笔洗身釉有脱落，口部有小磕碰，是品相极为稀少的原始白瓷器物。

阅读链接

战国时期在浙江、江苏、江西、福建、台湾、广东、广西以及湖南南部的广大地区，普遍使用原始瓷，特别是江、浙、赣一带，更为盛行。它们的生产规模和产量比西周和春秋时都有了很大的发展和提高。

一直以来，陶瓷界都将上虞小仙坛东汉窑址的产品认定为我国最早出现的成熟青瓷。而亭子桥烧造的成熟青瓷，将我国青瓷的起源往前推了600多年。

秦汉时期瓷器

秦汉两代，政治、经济、文化空前繁荣，瓷器生产也出现了新的局面。

在长期制陶烧瓷的实践中，对原料的选择，坯泥的淘洗，器物的成型，施釉直至烧窑等技术，都有明显的改进和提高，形成了完整的工艺体系。到东汉晚期，终于烧制了成熟的青瓷。

魏晋南北朝是我国各民族大融合时期，随之而来的是民族文化的繁荣。这时期的瓷器，仍以明器为主，从北齐一些乐舞人扁壶等器物的特殊造型和图案上还可以找到中西方文化交流的痕迹。

秦朝从陶到瓷的过渡时期

公元前247年，秦庄襄王驾崩，13岁的嬴政被立为秦王。从公元前230年至前221年的10年间，嬴政先后灭韩、魏、楚、燕、赵、齐六国，结束了自春秋战国以来长达数百年的分裂割据、混战不已的局面，创立了我国历史上第一个统一的封建中央集权国家。

秦代陶牛车

这一时期，我国的制瓷工艺仍然处在原始阶段。但是，秦时期的原始瓷与战国早中期的原始瓷存在着很大的差别。

首先是胎、釉原料不同。秦朝原始瓷胎料中氧化铝和氧化铁的含量较高，使陶瓷坯有可能在较高的温度中烧成，生成较多的莫来石晶体，从而提高陶瓷器的机械强度和烧成中减少制品的变形。

秦代陶仓

莫来石又称富铝红柱石，无色，晶体呈柱状或针状，熔融温度约为1910摄氏度，是陶瓷制品的主要组成部分。

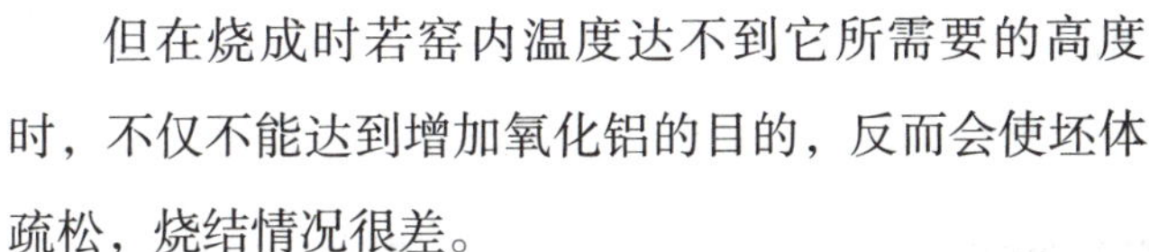

但在烧成时若窑内温度达不到它所需要的高度时，不仅不能达到增加氧化铝的目的，反而会使坯体疏松，烧结情况很差。

氧化铁的引入，就不可避免地给坯体带来颜色，在氧化气氛中烧成，胎呈红色，在还原气氛中烧成胎呈灰色，氧化铁含量越高，胎的颜色越深。

所以秦汉时期的原始瓷，除一部分烧成温度比较高的产品，胎骨致密，叩之有铿锵声，多数胎质粗松，存在着大量的气孔，吸水率高，呈灰色或深灰色，不及战国时期的细腻、致密。

秦原始瓷胎质粗松，从断面中还可看到较多的砂粒，说明原料的粉碎、淘洗和坯泥的揉炼不及战国时期精细，比较随便。

嬴政 即秦始皇。我国历史上著名的政治家，首位完成我国统一的秦朝开国皇帝。秦庄襄王之子，13岁即王位，39岁称皇帝，在位37年。秦始皇建立皇帝制度，统一文字和度量衡，北击匈奴，南征百越，修筑万里长城。把我国推向了大一统时代，奠定了我国2000余年政治制度基本格局。

瓿 盛酒器和盛水器，亦用于盛酱。流行于商代至战国。器型似尊，但较尊矮小。圆体，敛口，广肩，大腹，圈足，带盖，有带耳与不带耳两种，亦有方形瓿。器身常装饰饕餮、乳钉、云雷等纹饰，两耳多做成兽头状。

秦代原始瓷的釉层较战国时的厚，但釉色普遍较深，呈青绿或黄褐等色，而且由战国时的通体施釉变为口、肩和内底等处的局部上釉，上釉的方法由浸釉变成刷釉。说明两种原始瓷，从釉料到上釉工艺存在着明显的不同。

其次是器物的成型也一变战国时期拉坯成器、线割器底的作风，而普遍地采用器身分制，然后黏结成器的方法。

品种和装饰也有明显的差别，秦代的原始瓷以仿铜礼器的鼎、盒、壶、钫、钟、瓿等为常见，很少发现战国时盛行的碗、钵、盘、盅等一类的饮食器。

秦代原始瓷器装饰的纹样以弦纹、水波纹、云气纹或堆贴铺首等为主，绝少甚至完全不用战国时经常采用的“S”纹和栉齿纹等。

■原始瓷器花壶

这些明显的差异，表明秦代原始瓷与战国以前的原始瓷，是两个不同时期的历史产物，两者在工艺传统上看不出有直接的继承关系。

原因在于楚灭越的兼并战争中，浙江境内较发达的原始瓷业遭到了严重的摧残和破坏而中断。

但是原始瓷业又在越国故地复兴，又说明烧制原始瓷的工艺传统和影响并未全然断绝，所以在短期中断以后，又重新烧造。

上海市嘉定县外冈墓中发现的原始青瓷瓿，胎骨坚硬，呈灰色，肩部画圆珠和水波纹，外施淡绿釉，具有浓厚的战国楚器的特征。由此可知，这类原始瓷开始复烧的时间，可能在战国末年至秦初。

原始瓷器双系罐

秦代越地的原始青瓷太阳杯，高7.6厘米，口径10厘米，底径5.1厘米，该青瓷杯的釉色、胎质，都代表了秦代原始瓷的最典型的特征。

秦始皇陵附近发现的明器彩陶仓器身较矮，上有模拟平顶斜坡式圆形屋顶，仓身正面开一扁方形门洞，外表光滑，有陶与瓷共同的特征。

阅读链接

在陕西省临潼秦始皇陵内城与外城之间的秦代房基中，发现与灰陶扁平盖一起的几件原始青瓷盖罐。在灰陶扁平盖的顶面分别刻有阴文小篆“左”“丽山飤官”和“右”等字样，当是秦代的原始青瓷。

从这些原始瓷器来看，青釉盖罐的盖作扁圆形，上有半环形钮，盖下有子口与器身密合。胎质细密坚硬，烧成温度较高，但铁含量较高，呈色深灰。盖面和器身外表均满施青褐色釉，釉层不够均匀，有聚釉现象。

盖罐的轮线柔和，盖与器身的比例协调，体形的大小适度，是一种美观而又实用的储盛器。

古代瓷器走向成熟的汉代

汉代是瓷器手工业大发展时期。但在西汉初期，由于长期战争，社会经济遭到极大的破坏，包括瓷器生产在内的手工业发展缓慢。

西汉瓷器装饰主要在肩部刻画的两条阴弦纹构成的装饰区间内刻画水波纹、云气纹、卷草纹、人字纹等。有的粘贴细细的泥条，压成凸弦纹，或在流动的云气之间刻画神兽、飞鸟，动感强烈。

西汉青瓷原料中铝和铁比例提高，这就需要在较高温度中烧成，然而当时的窑炉尚未改进，从而导致汉初青瓷比不上战国青瓷，有的胎釉含铁高，瓷器颜色呈酱黄、酱褐和黑褐色，东汉发展成为黑瓷。

汉代青瓷四系罐

西汉瓷器成型用陶车手工拉坯，器身和器底分别制作，然后粘接而成。釉层普遍加厚，由于含铁量增高，釉色大多数褐绿色或酱褐色，器物内壁施一层薄釉，外壁只在口沿及肩上部施釉，腹中部和下部露胎。

西汉初期，青瓷日用器皿不多，主要是仿青铜礼器，如壶、瓿、罐、鼎、盒、钟、敦等。形制大多依照当时的青铜礼器，器型大方端庄，鼎、敦、盒的盖面和上腹施青绿或黄褐色釉，制作比较精细。

汉代青釉双耳壶

到了西汉中期，原始瓷器的面貌发生了某些变化，敦已完全被盒所取代，一些仿铜礼器的制品如鼎、盒的形状已大不如前，鼎腹很深，足很矮，有的足已缩短到鼎底贴地，变成似鼎非鼎，似盒非盒。同时施釉的部位缩小，以至于完全不上釉，其制作已不如汉初的精致、讲究。

西汉初期的瓿，平唇短直口、斜肩、扁圆浅腹、平底，底下安有3个扁平的矮足，肩部有对称的铺首双耳，耳面翘起并高出器口。上有扁圆形盖，盖面中心有捉手，便于揭取。盖沿下面做出子口，与器身吻合紧密。到西汉中期，肩部渐鼓，耳的顶端则逐步降低，与器口接近平齐，底下三足消失。

汉初的原始瓷鼎由战国时期的陶鼎演变而来，兽蹄形三足较高，附耳高翘，耳根突出。盖似半圆球形而顶面稍平，上附3个高钮，仰放时可当三足用。

敦 我国古代用来盛放黍、稷、粱、稻等饭食的器皿，由鼎、簋的形制结合发展而成。后来逐渐演变出盖。常为三足，有时盖也能翻过来使用。产生于春秋中期，盛行于春秋晚期到战国晚期，秦代以后渐趋消失。

汉代陶瓷鼎

西汉中期，鼎的双耳短直，兽蹄足显著变矮，逐渐与底平齐以致完全消失，盖钮也逐渐变小而成乳钉状，像个罐形。西汉晚期以后，鼎与盒等仿铜礼器不再生产。

至西汉晚期，鼎、盒一类的制品归于消失，壶、瓿、罐、钫、奁、洗、盆、勺等类日常生活用品急剧增加，生产更注重实用。

同时出现了牛、马、屋等明器。牛、马线条比较粗犷，造型艺术不高，房屋多干栏式建筑，也有筑围墙的平房和构筑堡垒的楼屋式的地主庄院，式样丰富。

这一时期，瓿的形体变得又高又大，敛口、宽平唇、圆球腹，肩部的双耳已大大低于器口，形如大罐。进入东汉以后，原始瓷瓿已不再生产，为印纹陶罍所代替。

汉代瓷器花壶

西汉晚期的青瓷器以壶、瓿、罐、钫、樽、洗、盆、勺为主，已经不见仿青铜礼器。

自汉代以来，壶一直是各地窑口生产的大宗产品。汉初的原始瓷壶，口部微向外侈，颈部较长，器肩斜鼓，并装有“人”字形纹的对称双耳，腹下圈足较矮，称为圈足壶。

到西汉中期，瓷壶的口缘趋向喇叭状，颈部缩短而器腹加深，圈足更趋低矮以至变为平底。肩部附耳作半环形，也有在双耳上端贴铺首或难塑龙头的。

汉越窑青瓷长颈瓶

到了西汉晚期，壶口已明显呈喇叭形，腹部球圆，极少发现圈足，双耳常作铺首衔环。如长沙五里牌汉墓发现的喇叭口壶，耳部配装活动的铁环，是非常罕见的。

壶耳也有做成鱼形的，或者是在竖耳的上端堆贴横“S”形纹，除喇叭口壶外，还有长颈壶、蒜头壶、匏壶等造型。它们的数量不多，但式样新颖别致。

汉代瓷长颈壶，是在扁圆形的壶腹上，配以修长而细圆的直颈，稳重端庄；蒜头壶则长颈球腹，颈上为形似蒜头的小口，造型别致。汉代匏壶则小口束腰，整器像上小下大的两个圆球连接而成，其状颇似葫芦。

西汉时期原始瓷器的装饰艺术，大致说来前期比较简朴，一般器物上都只饰简单的弦纹或水波纹，未见有繁复的装饰纹样。

到了西汉中期及其以后，有了简单的刻画花纹，尤其喇叭口壶和长颈壶等器物，往往在器物的口缘、

铺首 多指门扉上的环形饰物，大多冶兽首衔环之状。商周铜饰上早已有之。它是兽面纹样的一种，有多种造型，嘴下衔一环，用于镶嵌在门上的装饰，一般多以金属制作，作虎、螭、龟、蛇等形。后民间门扉上应用很广，为表示避祸求福，祈求神灵像兽类那样勇敢地保护自己家庭的人财安全。

汉代青瓷壶

颈部、器肩及上腹等部位，于醒目的凸弦纹带的区间内，分别画以水波、卷草、云气和人字纹等。

云气纹线条柔和流畅，使人如觉流云浮动，在流云之间往往还配以神兽飞鸟，画面十分生动优美，可与同时期的铜器和漆器图案相媲美。

在浙江省义乌发现的一组西汉中期原始瓷器，其装饰图样颇为特殊，如在壶的耳部堆塑鼓睛突目、两角卷曲的龙头；在瓿的腹部画有对称的两个半身人像，其下为佩璧图样，佩带穿璧做迎风飘舞状。

而且义乌瓷瓿的耳面则印出面目狰狞、威武凶猛的武士形象，一手举剑，一手持盾，同时在盖顶堆出躯体蜷曲、毒舌前伸的蟠蛇形钮，刻画精细。这种装饰手法和题材内容，为同时期的陶瓷装饰艺术中所罕见。

西汉时期原始瓷器的制作，随着社会经济形势的发展而日趋繁盛。到了西汉中晚期以后，这种既有艺术装饰而又具实用价值的原始瓷制品，不仅在当时的产地浙江和江苏一带地区广为流行，而且在江西、两湖、陕西、河南、安徽等地的墓葬中也有发现，表明它已成为当时人们所乐用的制品，被作为一种畅销的新颖商品而远销外地。

镂雕 亦称镂空、透雕。指在木、石、象牙、玉、陶瓷体等可以用来雕刻的材料上透雕出各种图案、花纹的一种技法。距今5000年前的新石器时代晚期，陶器上已有透雕圆孔为饰。汉代到魏晋时期的各式陶瓷香熏都有透雕纹饰。清乾隆时期烧成镂空转心、转颈及镂空套瓶等作品，使这类工艺的水平达到了顶峰。

进入东汉以后，原始瓷的品种和纹饰都有所变化，瓿和钫等器类已不再生产，而罐类等日常生活用器的烧造量则在急速增长，这些饮食器皿和容器的造型表明，当时原始瓷器的制作已转向经济实用。

东汉出现的新品种之一是瓷提盆，束口、鼓腹、平底，盆体宽大而稍扁，口缘安有粗壮的弯曲提手，是一种提携方便的盥洗器。

东汉原始瓷器的装饰花纹也较简单，仍旧为弦纹、水波纹和贴印铺首等几种，与原始青瓷的装饰手法无甚差异。

用泥条盘筑法成型的瓿、罍等器物，外壁拍印麻布纹、窗棂纹、网纹、杉叶纹、重线三角纹、方格纹和蝶形纹等，也与印纹硬陶的装饰图样基本相似。

因在双系罐和盘口壶的腹部，密布规则的宽弦纹，因此人们习惯地称之为“弦纹罐”和“弦纹壶”。

此外，在熏炉的腹部镂雕三角形的出烟孔，钟、洗的肩、腹部贴以铺首，五联罐的颈腹部堆塑猴子和爬虫，以及鬼灶上刻画鱼、肉图案等。灶上饰鱼、肉，既点明了它的用途，又祈求死者生活富裕常以鱼肉为食，寓意深刻。

东汉青釉弦纹壶

在东汉中晚期的窑址和墓葬中，又发现了有一类胎、釉呈色很深的器物，器型有五联罐、盘口壶、双系罐、碗、洗、盘、刁斗和耳杯等。

这类制品因胎料中含有较多量的铁，在稍低的窑温

■东汉绿釉四神纹壶

下也可以使坯体达到较好的烧结状态，所以多数器物的胎骨坚硬而致密，碰击时发声清亮。

这类原始瓷器，胎呈暗红色、紫色或紫褐色，多数通体施釉，釉层比较丰厚且富有光泽，质坚耐用，实用价值较高。而它是由一种利用含铁较高的劣质原料做成，是东汉窑业手工业者的一个创新，为东汉晚期黑釉瓷器的产生，打下了良好的基础。

另外，在墓葬内也发现部分瓷器的胎骨较为疏松，容易破损，显然是专门用于随葬的明器。当时所用的釉料仍然是以铁作为着色剂的石灰釉，釉的高温黏度较低，流动性较大，有较好的透明度，也容易形成蜡泪痕和聚釉现象。

明器 指专门为随葬而制作的器物。又称冥器。一般用陶瓷木石制作，也有金属或纸制的。除日用器物的仿制品外，还有人物、畜禽的偶像及车船、建筑物、工具、兵器、家具的模型。在我国，从新石器时代起即随葬明器。明器是考察古代生活和雕塑艺术的有价值的考古实物。

在东汉以前，施釉用刷釉法，并且只在器物的口、肩等局部地方施釉。到了东汉中期开始采取浸釉法，器物大半部上釉，只是近底处无釉，釉层增厚，而且釉胎的结合也大有改进，少见脱釉现象。

东汉时期，瓷器成型多采用快轮拉坯成器身，再粘接器底而成，器型比较规整，器壁往往留有轮旋的痕迹，而制作精细的钟、壶类器物，则在成型以后又进行修坯、补水等工序，因此表面都显得十分平整光滑，不见“棕眼”等缺陷。有些制作精良的原始瓷器十分接近成熟瓷器的形态。

由原始瓷发展到瓷器，是我国古代劳动人民的一项重大发明和创造，由于瓷器比陶器坚固耐用，清洁美观，又远比铜、漆器的造价低廉，而且原料分布极广，蕴藏丰富。各地可以因地制宜，广为烧造。

这种新兴的事物，一经出现即迅速地获得人们的喜爱，成为十分普遍的日常生活用具。此时，西汉常见的仿青铜器造型逐渐消失，日用器物罐、壶、瓶、碗、盆、盘、洗增多。

瓷碗是古代瓷业生产的大宗产品，东汉晚期平底碗的造型可分为两种形式：一种口沿细薄，深腹平底，碗壁圆弧，就像被横切开来的半球形；另一种口沿微微内敛，上腹稍微鼓起，下腹弧向内收，平底，器型较小。两种形式的碗底都微向内凹。

东汉瓷盘多属大件，器型与原始瓷盘十分相似，通常作耳杯的托盘用。盆，直口折边，上腹较直，下腹向内斜收，腹中有较为明显的折线，廓线挺健。

在东汉时期瓷器日常用具中，比较特殊的是青瓷人形灯，高47.8厘米，灯碗呈浅盘形，灯座塑成一巨人形象，人的眼、鼻都刻画出来，口部刻成方形孔，胸前抱一硕大老鼠，人的肩、手和腿上均攀爬许多老鼠，背面釉下刻“吉祥”二字。

东汉青釉弦纹罐

东汉青瓷与春秋、战国、秦、西汉原始青瓷相比，质量有很大的提高，通体施玻璃质釉，釉层明显加厚，有较强的光泽，透明度增强，胎釉结合紧密牢固，胎釉交界处可看到

东汉越窑五管瓶

相当多的斜长石晶体自胎向釉生成并形成一个密合层，使釉层不易剥落。

湖南省东汉墓里发现一些青瓷，浅灰胎，釉层薄而均匀，釉色很淡，说明青釉如果减少含铁量，以弱还原焰焙烧，其釉色可以浅淡，即有烧出白瓷的可能性。广东省广州市东郊红花岗发现的青釉刻花三足瓷樽即为灰白色胎，釉色也非常浅淡，该樽高23厘米，口径17.7厘米，足距15厘米。

樽口内敛，圆桶形器身，直壁，平底，下承以人形三足。附圆盖，盖顶中央置一系，周围置3纽，盖面刻水波和花叶纹，器身两侧塑贴铺首并刻花草纹。

东汉瓷罐的种类相当丰富，有直口球腹的双系罐、泡菜坛和四系罐等，前两类完全承袭了原始瓷罐的形式，而四系罐最为多见。

它的形状是直口圆唇，鼓腹平底，肩部凸起，肩腹之间装有4个等距横系，系孔扁小，不便系绳，故系下内壁往往有凹窝，系的两端留有按捺的手指压痕。肩部有弦纹或水波纹，腹部有麻布印纹，也有通体素面的。

这种罐制作精细，造型优美，在上虞县的许多窑址和不少省市的墓葬中都有发现。

壶也是一种发现较多的器物，它的造型仍类似原

樽 古代一种温酒用具，流行于汉晋时期，主要为铅绿釉或黄釉陶器。整器应附盖，其中博山形盖较常见。隋至南宋有较精致的白瓷或青瓷制品，以故宫博物院收藏的宋汝窑樽最为著名。

始瓷壶，但也有了某些变化。那种腹部遍饰粗弦纹的制作风格已经少见，盘口较浅。

东汉青瓷印文罐

盘口壶是东汉时期所盛行的一种原始瓷制品，它的口颈较高，口内的盘面很小，球腹，平底，显然是由喇叭口壶演变而来。

西汉时有的喇叭口壶已在口颈交界处做出一条棱线，到东汉前期棱线更加突出，口颈斜直，粗具盘口的样子，中期以后，直接变成了盘口壶。

浙江省鄞县发现的一件形体较小的青瓷壶，外形颇似战国时代楚国的陶壶，肩部有半环耳两个，并画弦纹和点线纹，底部刻隶书“王尊”二字，可能是匠师之名，也可能是买主王尊定制。

汉代瓷青釉壶

还有一件东汉瓷钟，口颈较大，腹部稍扁，下有高圈足，腹部贴有对称的铺首，显然是仿照铜钟的形式。

浙江省奉化县白杜熹平四年，即公元175年。砖室墓发现的五联罐，颈肩贴堆纹，显然是对褐釉原始瓷五联罐的模仿。

莲瓣纹 莲花为我国传统花卉，古名芙渠或芙蓉，从春秋战国时就曾用作饰纹。自佛教传入我国，便以莲花作为佛教标志，代表“净土”，象征“纯洁”，寓意“吉祥”。莲花因此在佛教艺术中成了主要装饰题材，在石刻、陶瓷、玉器和彩绘上到处可见。

同墓发现的井，敛口、斜肩、筒腹，粘贴在肩部的扁条形绳纹交叉成网形，交叉点饰乳凸，应该是表示绳结，是一种少见的产品。

越窑这时已经形成，瓷器素以青釉制品闻名于世，但在上虞、宁波的东汉窑址中却发现它还同时烧制黑釉瓷器，此外，在湖北、江苏、安徽等地的墓葬中也曾发现黑釉瓷器。

这种黑釉瓷器的坯泥炼制不精，胎骨不及青釉瓷器细腻，器型也较为简单，以壶、罐、瓿、罍等大件器物为多，也发现有碗、洗类器物。

西汉原始瓷蒜头瓶

它们的造型和纹饰与青釉器相同，唯湖北当阳刘家冢子东汉画像石墓中发现的一件四系罐，肩部饰有一圈莲瓣纹，是佛教文化传入我国以后在瓷器装饰上的最先反映。

器物外表所施的玻璃釉，由于釉内铁含量高，所以使釉呈现绿褐色乃至黑色。器表施釉一般不到底，器底和器壁近底处露出深紫的胎色。

瓿、罍、罐的内壁还常常涂有一层薄薄的红褐色涂料。釉层厚薄不均，常常有一条条的蜡泪痕以及在器表的低凹处聚集着很厚的釉层。

由此可见，黑釉瓷的烧

制，在当时已达到相当高的水平，成为另一种别具一格的色釉瓷器。

青釉波纹双耳壶

这种黑釉瓷胎质较粗，用料要求不严。由于在器表施以黑褐色的深色釉，粗糙而灰黑的胎体得到覆盖，为瓷器生产扩大原料使用范围开辟了一条新的途径。

它导源于酱色釉原始瓷，是对酱色釉原始瓷的提高和发展。所以这种黑釉瓷器同样是汉代瓷业中的一项重要成就。

这些同时说明，东汉时代的瓷器，从造型艺术到装饰手法，均存在着原始瓷和印纹硬陶的明显烙印，尚未形成自己特有的风格，说明它刚从原始瓷中脱胎而来，仅仅是迈出了它的头一步，然而这恰恰是划时代的一步。

阅读链接

通过对浙江省上虞县上浦小仙坛东汉晚期窑址的瓷片和窑址附近的瓷土矿中的瓷石样品的分析，结果表明该窑场的制品，具有瓷质光泽，透光性好，吸水率高，在1260摄氏度以上的高温下烧成。

器表通体施釉，其釉层比原始瓷显著增厚，而且有着较强的光泽度，胎釉的结合紧密牢固。

同时，釉层透明，表面有光泽，釉面淡雅清澈，犹如一池清水，已经具备瓷的各种条件。因此把瓷器的成熟期定在东汉的晚期比较妥当。

魏晋南北朝瓷器不断创新

东汉之后，先后经过了魏、蜀、吴三国鼎立，东西两晋，十六国的北朝和宋齐梁陈的南朝，这一时期从公元200年至公元581年，统称为三国两晋南北朝，这400余年是我国历史上一个大分裂、大动荡的时期，但陶瓷的发展并没有停滞。

三国两晋时期，江南陶瓷业发展迅速，相继出现了在浙江萧山、上虞、余姚一带的越窑、瓯窑、婺窑、德清窑；湖南的湘阴窑；四川的青羊宫窑、固驿窑；江西的罗湖窑等著名窑址，所制器物注重品质，加工精细，可与金、银器相媲美，成为当

三国青瓷镂空器

时名门望族的日用品。

三国青瓷盆

三国时期的青瓷仍保留着前代的许多特点，它的胎质坚硬细腻，呈淡灰色，釉汁纯净，以淡青色为主，施釉均匀。器物上的装饰常见的有弦纹、水波纹、铺首、方格网纹和耳面印叶脉纹等，并在谷仓上堆塑各种人物、飞禽、走兽等，极为生动。

从墓葬情况可以看出，这时青瓷逐渐代替了青铜器、漆器。很多汉墓发现的陪葬品以青铜器、漆器占主要比重，而江南六朝时期的墓葬中的器物绝大部分是青瓷器，表明青瓷已经成为当时人们日常生活的主要用具。

西晋青瓷的生产内容包括日常生活中的实用器物，有钵、双耳罐、四耳罐、盘口壶、双沿罐、筒形罐、蛙形水盂、油灯、虎子、鸡头壶、羊头壶、牛头罐、虎头罐、扁壶、圈足唾盂、三足盘、平底盘、长方形多格盘、镂孔香熏、熊形或兔形水注。

西晋青瓷冥器有谷仓罐、羊形器、神兽尊、熊形尊、灶、犀牛形镇墓兽、鸡笼、狗舍、猪圈、男女俑、部族家丁形象等瓷塑。

而发现的这一时期的瓷器，其造型、纹饰与汉代陶瓷、青铜器有很密切的继承关系。如西晋青釉洗，腹部有一条印纹饰，两面贴铺首衔环，具有明显的汉

余姚 位于浙江省东部。余姚得名，说法不一。一说，舜文庶所封之地，舜姓姚，故为余姚。另一说，夏少康封少于无余于会稽，以奉禹记，姚乃其届邑，故为余姚。秦时建县。公元200年，东汉时始筑县城，为浙东古县城之一。唐初一度升为姚州。宋为“望县”，被后人誉为“东南最名邑”。

西晋青瓷罐

代特征，这类青釉洗墓葬中数量很多。

西晋青釉槅，胎体厚重，为拿取方便，底边镂空。

西晋谷仓，上部中心为主罐，周围有4个小罐，是继承东汉五联罐和五管瓶造型而略加变化，上面浮雕有佛像、鸟雀、动物，下部为罐。

三国吴、西晋墓葬中都有瓷仓，有铭文谓之“廪”者，是装稻谷的，北方装谷的叫仓。

还有西晋青釉三足尊，也饰有印纹饰，下为3个熊足，两面贴奔兽纹，另两面贴铺首，造型、纹饰也具有汉代特征。

青瓷虎子在汉代多有提梁，西晋保留了这一传统，采用立烧，口向上，臂部触地。东晋虎子也采用这种立烧法。圆虎子多为正烧。虎身一般刻画飞翅纹。

西晋墓葬中还发现牛头罐，肩上有两个鼠形系，是这一时期比较少见的。

从以上器物可以看出西晋瓷器的器形种类及装饰特征。造型上多取自汉代铜器、陶器，壶、罐一类器物造型比较矮胖。装饰上也借鉴铜器，多于壶、罐、洗、碗等器物的肩、腹部饰一条

西晋越窑青瓷谷仓

带状印纹装饰，间饰铺首衔环、兽纹等。

■西晋越窑青瓷 越窑是我国古代最著名的青瓷窑系。东汉时，中国最早的瓷器在越窑的龙窑里烧制成功，因此，越窑青瓷被称为“母亲瓷”。越窑持续烧制了1000多年，于北宋末、南宋初停烧，是我国持续时间最长、影响范围最广的窑系。越瓷胎骨较薄，施釉均匀，釉色青翠莹润，光彩照人。

我国最早的彩瓷是高温青瓷釉下彩，在江苏省南京市雨花台一座三国至西晋初期的墓葬，发现一件青瓷带盖扁壶。其盖顶塑一鸟形钮，上腹部贴塑4个铺首、两尊佛像、两只连体鸟，浅灰胎体，施白色化妆土，再施青釉，釉的玻璃质较强，凝厚，釉色深灰，发褐色。

根据原料和工艺特征判断，这件青瓷作品应该是浙江中部地区，如金华地区早期婺州窑作坊生产的。

整件器物用黑褐彩满绘神奇内容的图案。盖钮两旁绘柿蒂纹，周围绕两个人首鸟身的形象在仙草上飞舞，仙草两侧各有一动物。扁壶颈部绘两个长有7张嘴的异兽，其间夹杂半身异兽图像。

腹部绘两排持节羽人，仙草、云气、朵花、莲瓣、弦纹、连弧纹等排列其间。内容虽多，但井然有序，线条有力，绘画水平不同凡响。

这种青瓷釉下彩绘，在工艺上是一个创举，由于青瓷显色不佳，使这种工艺没有发展起来。只有白瓷发展起来后，釉下彩工艺才得到发挥。

西晋的制瓷技术益加精巧，既实用又美观，青瓷的用途也扩大到人们日常生活的酒器、餐具和卫生用具等各个方面。东晋人口南移，南方出现城市繁荣，

仙草 传说中一种灵异的草，服之可长生不老或起死回生。常见者为灵芝，又称灵芝草、神芝、芝草、瑞草，是祖国中医药宝库中的珍品，古今药理与临床研究均证明，灵芝确有防病治病、延年益寿之功效。

社会上对瓷器的需要量进一步增加。

这时南方青瓷造型趋向简朴，装饰减少，有些器物只作简单的褐色斑点。南朝时期，青瓷上出现莲花瓣装饰；北方一度陷于战乱，但在北魏迁都洛阳以后，制瓷业又发展了起来。

■西晋青釉兔形水盂

北方青瓷在造型、胎釉、纹饰等方面与南方不同，一般器型较大，以尊、瓶、罐、钵之类居多。胎体厚重，胎色灰白，釉较厚，玻璃质强，流动性大，器表往往有玻璃质流珠现象。由于佛教的盛行，器物多以莲花瓣纹、忍冬纹作装饰，装饰方法有堆贴、模印、刻画多种。

忍冬纹 古代寓意纹样。忍冬为一种蔓生植物，亦称“金银花”“金银藤”，通称卷草，凌冬不凋，故有忍冬之称。《本草纲目》云：忍冬“久服轻身，长年益寿”。忍冬图案多作为佛教装饰，可能取其“益寿”的吉祥含义。东汉末期开始出现，南北朝时最流行，比作人的灵魂不灭、轮回永生。

西晋青瓷的胎质比汉、三国制品细腻，体薄精巧，颜色浅灰。装饰方法流行在器物上印出一条不宽的装饰带，内印、刻细小斜方格纹、菱形纹、联珠纹，或粘贴范印的铺首；在器物上捏塑鸡、羊、虎、龙等，多在柄上。

另外，西晋青瓷在香熏等器物上有镂孔装饰，在钵、盆、洗等类器物上用竹刀刻出海星和水波纹，这是战国以来江南青瓷的传统技法。

而这一时期的瓷神兽尊一类器物用雕塑、刻画等技法做成神奇猛兽的形象，头像狮，身如熊，背上长

西晋青瓷镭钵

联珠纹 是在团纹四周饰以若干小圆圈，如同联珠而得名，在一圆形中间安置主题纹样，主题纹样一般为动物、人物、花朵，或只取动物头部，或成双成对的动物，周围用圆环围绕，形似一串联珠，故称联珠纹。这种圆珠纹与花纹同时在印模中出现，或作为贴画，或者多片相接成型，隋唐时代盛行。

出水生动物的鳍，两侧刻出强劲的翅膀，口含宝珠，把日常所见和民间传说的神奇形象集中在一件作品上，埋在坟墓里，护灵驱鬼。

西晋青瓷谷仓罐的结构则比三国时期更为突出，在肩部以上的范围内，堆塑各种形象的奴仆、卫士、善男、孝女、拜佛、祭祖和吊唁死者的丧葬场面，阙楼馆阁、长廊列舍、飞鸟六畜，既体现了墓主人的财富和权势，又表达了子孙繁衍、六畜兴旺的愿望。内容虽多，但布局井然有序。

西晋青瓷神兽

西晋晚期开始出现在青瓷上点染酱褐彩斑，从而突破了青瓷单色釉的传统，丰

西晋的鸡头壶

富了装饰效果。

东晋青瓷生产数量增多，造型没有太多的创造性，只是神奇类器形大大减少，风格趋向实用。许多器型尺度加大，造型结构由矮肥圆鼓向高挑瘦长方向发展，没有西晋作品上那些华贵的装饰，褐彩装饰更加流行。

从最具有代表性的鸡头壶、罐的演变，不难看出各个时期瓷器的造型与纹饰的特征。

西晋鸡头罐，肩有双系，双系间饰鸡头、鸡尾。西晋早期罐的最大腹径在中间，以后重心上移，最大径在肩部，腹径与罐的高度大体相近，所以给人以矮胖的感觉，肩部有印纹饰。

东晋鸡头壶的特点是壶体变大，鸡头由装饰物变为具有实用性的张口、引颈之壶流，短尾则变为圆形长柄。东晋晚期，壶的曲柄出现了龙首柄。

东晋青瓷双耳罐

有一件东晋德清窑黑釉鸡头壶，高18厘米，口径7.9厘米，底径10厘米。壶盘口短颈，溜肩鼓腹。肩部一侧饰鸡头形流，流内有孔与壶身相通，流嘴呈筒状，鸡冠高耸，双目圆睁。

东晋瓯窑鸡首壶

与鸡首相对的一侧饰一弯形圆柄，上下分别与口沿、肩部相接，便于握持。肩部另外两侧各饰一桥形系，可穿绳提携。

壶施黑釉，釉层丰厚，釉面滋润透彻，色黑如漆，匀净无瑕。外壁施釉不到底，近足处露出褐色的胎体。此器制作端正，各部位比例协调，尤其是以鸡首装饰壶体，给人一种视觉上的美感。

东晋黑釉鸡头壶

黑釉在汉代已经出现，东晋继续烧造，但烧黑釉的仅有浙江的余杭、德清两窑，两窑同时也烧青釉。以浙江德清窑为代表，常见的器物除鸡头壶外，还有羊头壶，其数量少于鸡头壶，另外有碗、钵、盘、罐、盘口壶等日用器皿。其烧造历史较短，大抵在东晋至南朝早期的100多年间。

简 战国至魏晋时代的书写材料，是削制成的狭长竹片、木片，竹片称简，木片称札或牍，统称为简，均用毛笔墨书。竹简每片写字一行，将一篇文章的所有竹片编联起来，称为“简牍”。是我国古代先民在纸张发明之前书写典籍、文书等文字载体的主要材料，是我国最古老的图书之一。

有一件东晋德清窑黑釉唾壶，高9.9厘米，口径8.9厘米，底径9.4厘米。唾壶盘口，束颈，扁圆腹，平底略上凹。外壁施黑釉，釉不及底。因釉层在高温熔融状态下产生垂流，致使器物下部积釉处釉层较厚，堆积欲滴。釉面滋润，开有片纹。

唾壶亦称唾器，属于卫生洁具，瓷质唾壶始见于东汉，三国、两晋时开始流行。东晋时期以青釉唾壶较为多见，黑釉唾壶少见。

东晋时期，彩斑装饰广泛使用，多饰于钵类器的盖、碗盘类器物的口沿、器心和外壁以及香熏、罐、瓶类器物的口沿上。

有件东晋色点彩罐，高8厘米，口径7.5厘米，底径7厘米，敞口、圆唇、平底，通体施青釉，晶莹剔透，釉有细小冰裂纹，堆饰4耳，器身饰两道弦纹，一道于褐色点彩，反映出瓷器发展到东晋时期，已从单一的釉饰向多彩方面发展。

西晋时期的青瓷香熏

瓷香熏在两晋墓葬中也发现不少，西晋造型继承汉代特征，球体上镂孔，球体与承盘之间有3足；东晋改为以支柱连接球体与承盘。

两晋、南朝时期制作的陶质和瓷质俑像，内容多是贵族官僚、世家大族拥有的属吏和武装，还有反映豪强大族经济生活、文化教育等各方面的内容，如鸡笼、狗舍、羊圈、仓、车、多子槅等。

西晋青釉罐

湖南省长沙近郊杨家湾、砚瓦池、子弹库、金盆岭、左家塘等地西晋墓发现的青瓷俑很有代表性。内容包括高冠执板的骑吏、持简作书的文吏、持各种什物劳作的侍从、持刀及盾的武士和骑马演奏的乐队。

其做法很简练，用泥料塑出人物身躯，安一个圆球即为人头，头顶捏尖，刻几条痕迹即为帽子，戳几个小孔就是眼睛、鼻子和嘴；圆泥条粘成四肢，所持的武器往往是一小块泥片。

长沙西晋墓中发现一件对坐书写俑，两人对坐在一块平板上，中间是一堆书，人物头戴高冠，两根宽带从帽顶、耳后系于领下，身穿翻领长衫。其中一人一手持书，另一手持笔在书上点画。两人正在讨论问题，神情专注，以致两人鼻尖都碰到一起了。

骑马武士、乐队，持械斗士的塑造，都不着意形象的细部刻画，而注重表现人的精神状态，如同立体

侍从 指随侍帝后或官员的人。因常在君主左右备顾问，故名“侍从”。宋称大学士至侍制、给事中、六部尚书侍郎为侍从官，亦称从官。称中书舍人、起居郎、起居舍人以下为小侍从。又称外省之带诸阁学士、竺制衔者为在外侍从。

南北朝褐釉十足砚

的漫画，令人忍俊不禁。

马的形象比秦汉陶马的装备齐全得多，有辔、鞯、鞧、鞍，还有保护马的“当胸”。有的马鞍左前侧作出三角状镫，这是我国内地最早的马镫形象。

东晋、南朝时的瓷俑沿袭西晋的传统，但随葬品数量减少，一般只有男仆女婢各一人，有的有牛头状镇墓兽，或牛车、鞍马模型、三蹄足凭几等，时代特征很突出。

南朝以后，彩斑装饰逐渐减少，青瓷釉上彩工艺的做法是在施过釉的瓷坯上用毛笔点画黑褐色彩料，晾干入窑焙烧，当窑中焰火升到一定温度时，釉层熔融，彩料融入釉层而不流动浸漫，青瓷烧成后在器物上就出现黑褐色彩斑。

青瓷釉下彩或釉上彩皆为褐黑色，其呈色原料都是铁的氧化物，有的取自泥土中的铁锰结核，有的取自含铁量很高的红土，粉碎磨细，去掉杂质即可调成画彩原料。

六朝时期江南地区还发展起青瓷高温釉上彩工艺，这种装饰始于西晋晚期浙江南部的瓯窑，有的作散点式，有的连缀成简单图案。

釉上彩 战陶瓷加彩装饰的一种。又称“炉彩”。就是先烧成白釉瓷，或者烧成单色釉瓷，也可以烧出多色彩瓷，在这样的陶瓷上进行彩绘后，再入彩炉低温二次烤烧而成。釉上彩绘瓷历史久远，始于北齐武平年间，唐代时趋于成熟，宋代时已发扬光大，明中晚期，五彩瓷的制作达到了极高水准。

南朝青瓷瓷窑作坊的建立比两晋更加广泛，工艺趋向朴素实用。常见的器形有钵、碗、盏、盏托、小碗、深腹敞口碗、双耳盘口壶、鸡头执壶、平底或带圆饼足的唾壶、仰覆莲瓣纹罐等。

南北朝的造型有莲花尊、贴花罐等，其中鸡头壶壶身更长，柄向上发展，装饰上出现复线莲瓣纹；盘口壶壶身渐趋细长，盘口加大，钵、碗类器物腹部加深，圆饼形足的形式更普遍。圆形青瓷砚由3足变成6足或多足。

由于佛教思想的普及，这一时期其他器物如盘、罐等也有饰有莲瓣纹，形成了这一时期的装饰特点。

南北朝时期佛教盛兴，各地都建造了大量寺庙、佛像石窟，僧尼数量猛增。带有佛教色彩、意义的装饰随处可见。如在建筑装饰上带有飞天、莲花等标志性图案。体现在陶瓷器上，最有代表性的是“莲花尊”。

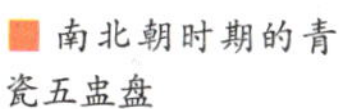

南北朝时期的青瓷五盅盘

陶瓷还被大量运用到文具中，如笔筒、水盂、砚等。水盂的功能只是盛磨墨用水的，但造型却很

南北朝莲花尊

丰富，有蛙形、鸟形、兔形、牛形等样式。陶瓷文具被广泛使用，与这一时期崇尚读书、推崇士儒有关。

这一时期的装饰特点比较明显，尤其是三国西晋时期的越窑最为突出。器物上常有表现生活场景的纹样，刻画细腻且逼真，真实地反映了那一个时期的社会面貌。

一些生活用品如烛台、油灯、水盂上大胆使用夸张变形的动物形象，多方面体现了当时社会的审美意识，丰富了人们的精神生活。

阅读链接

绿色是魏晋南北朝时期的特色釉，是青瓷系统的代表，与北方地区的白瓷交相辉映。此外，常用褐彩打破单一的青釉，使之更加活泼。这种装饰方法简单易行，适应面广，效果较好，所以被广泛使用。

用褐彩在器物表面上书写文字，是褐彩装饰的另一特色，这种装饰手法在后来的唐和五代时期大为盛兴，其字体形式为书法研究提供了可靠资料。

越窑晋瓷工艺多为上乘，釉色高古，质地醇素，极具品位。由于当时的工艺水平，所生产出的陶瓷在釉色上发生很丰富的变化，青色中有偏绿的、偏黄或偏灰的，与釉料成分、烧成火焰温度都有很大关系。

隋唐时期瓷器

我国白釉瓷萌芽于南北朝，发展于隋朝。隋朝的青釉、白釉瓷器施釉至腹部不到底，下半截无釉露胎，平底，纹饰有印刻扇形花瓣组成的团花、叶纹等。

到了唐代，河北省内丘县邢窑的白瓷，已经发展为青、白两大瓷系的主流。唐代早期的青、白瓷器物腹部丰满，平底无釉。唐代中晚期出现少量圈足器及满釉器物。

五代十国时期的瓷器生产是在唐代名窑的基础上进行的。其造型多沿袭晚唐风格，但制作较前精巧，品种也更为丰富多彩，其制作工艺取得了极大进步。

青瓷白瓷共存的隋代瓷器

公元581年，杨坚兼并北周和南陈，统一中原，结束了魏晋南北朝以来连年混战的局面。隋末大运河的开凿，也对我国南北经济文化的交流起了很大作用。

隋朝历史不足40年，但却是一个承前启后的朝代，为大唐帝国的创建铺平了道路。在陶瓷方面，隋代陶瓷工艺也为一个新的陶瓷时代拉开了序幕。

隋代青瓷罐

隋以前烧瓷窑场主要都集中在长江以南和长江上游的四川地区，北方的烧瓷窑场极为稀少。

入隋以后，南北方瓷业才开始了飞跃性的发展，窑场及其烧制的瓷器明显增多，各种花色、风格、样式的瓷器开始呈现，形成各竞风流的局面。

隋代制瓷的中心仍在南方，但已有逐渐向北转移的趋势。陶瓷的生产继承了北方青瓷的传统风格，吸收了南方青瓷的特点，烧制出的器物品种明显增多，日用瓷器出现了过渡性的变化，胎体一般较为厚重，胎色以灰白色居多。

隋代青釉六系罐

隋代瓷器的工艺技术取得许多成就，超越前代。瓷泥一般都经过淘洗，且掌握了控制原料中铁元素比例的技术。

隋瓷主要用支具支托叠烧，支具支托叠烧时，器物在窑内直接接触火焰，受窑内烟火熏染，釉面不匀，而且往往还粘上许多烟灰窑渣。

但是，这时已出现了筒形匣钵，虽未马上得到普及与发展，却也标志着烧瓷技术的又一次飞跃，逐渐使瓷器制作与造型发生了很大变化。

胎壁由厚重趋向轻薄，底足由平底、饼形足变为玉璧形底、圈足，釉面不受窑内烟熏污染，从而保持了色泽的纯净，也使器物造型趋向于轻巧、精美。

在造型方面，隋代青瓷基本上继承了南北朝时期的造型，主要有四系或六系盘口壶和罐、龙柄鸡首壶、唾壶、多格盘、五盅盘、高足盘、瓶、砚、盘和碗等。

杨坚 即隋文帝，隋朝开国皇帝。他在位期间成功地统一了严重分裂百年的中国，开创了先进的选官制度，发展文化经济。使中国成为盛世之国。是西方人眼中最伟大的中国皇帝之一。被尊为“圣人可汗”。

隋代贴花青釉四系罐

湖南省岳州窑烧制的青釉八棱形短流壶，是一种新造型。安徽省淮南窑的青釉四系瓶，也为他窑所不见。而各地瓷窑都有青釉高足盘，则属隋瓷中的典型器物。

青瓷是隋代瓷器生产中的主要产品，但釉色还不稳定，这时的用釉仍属石灰釉，透明度强，釉面无论青绿、青黄还是黄褐均为玻璃质，在高温中流动性大，烧成后常呈流珠状，而且胎质坚硬，一般是器里满釉，器外施釉不到底，下半截露胎。

此时瓶罐类器物的装饰主要集中在肩部和腹部，一般用花朵、卷叶纹组成的带状图案。隋瓷装饰手法有印花、刻花、贴花、堆塑等，个别也有加黑褐彩的，其中以印花较为多见，最富有代表性。

印花是在瓷胎未干时，用瓷土烧制成的阳文印模压成花纹，然后才施釉烧成。其纹样有团花、草叶、莲瓣、卷叶、波浪和弦纹等单独或复合形式，表现在立体器物的颈、腹部和高足盘的圆面上，看上去整齐、简朴、图案性强。此外，湘阴窑、淮南窑、安阳窑产品多采用印花装饰。

有件隋代青釉印花四系壶，高35厘米，盘口长颈，长圆腹、平底。肩部4个双条形系，颈、肩、系、腹部作4层印花装饰，印花为扇形花瓣组成的团花和叶纹，反映出隋代瓷器的装饰特点。

还有一件隋青釉印花带盖唾壶，通高14.厘米，口径8.4厘米，足径

10.6厘米。壶盘口外撇，短颈，溜肩，半腹下垂，腹下略收，宽圈足。盖卧槽，钮如蜡扦状。通身施淡青色玻璃质透明釉，施釉不及底，近足处露灰白色胎骨。肩部暗刻三角纹边饰一周，腹印团花、树叶及忍冬纹一周。

刻花则是用一种尖利的工具，在瓷胎未干时刻画出各种各样的花纹样，然后施釉入窑烧制。

贴花是将瓷泥填入模内，压制成各种花纹，趁瓷胎未干时用瓷泥浆水黏合在器物表面而成，较少见。、

隋代青瓷仍以越窑为主，典型器物有隋越窑莲纹四系罐，直口，溜肩，扁圆腹，实足。肩部安四方形桥系，呈对称分布。器外壁贴塑两层倒置莲瓣，采用浮雕的装饰手法，富有立体感。施青釉，底部不施釉。

权 我国古代度量衡中的衡器，是称重量的器物，俗称“秤砣”，是悬挂在秤杆之上可以移动的砝码。衡为杆，权为砣。权衡这个词就是这般引申出来的。在封建社会为了征收赋税，称量财物，支付黄金以及铸造钱币等，就需要各种权衡器。权的材质有铁、铜、瓷、石等。

隋代青釉带盖唾壶

隋代青瓷器的典型之作是青釉兔钮莲瓣纹权，高12厘米，底径12.7厘米。权平底，底心有一圆孔，中空，顶部饰一兔钮。器身薄施一层青釉，釉色泛黄，施釉不到底。外壁模印莲瓣纹一周，上为6组团花，间以条纹。

此权造型端庄，兔形钮栩栩如生，釉面玻璃质感强，开细碎片纹，模印之纹饰清晰，布局规整，线条流畅，富于艺术美感。

隋朝时期，北方制瓷业有了

新的发展，制瓷区域大部分集中在河南、陕西、河北、山东等省。隋代北方青瓷窑口有河北贾壁村窑，河南安阳窑、巩县窑，安徽淮南窑等。

它们的胎釉特点是：胎骨厚重，胎土经过淘洗，胎色多为灰白色。其中淮南窑瓷胎较粗，釉的玻璃质较强，透光度好，釉面常有纹片，外壁多施半釉，有流釉现象，釉色青绿或微闪黄。

北方瓷器的花纹装饰，除沿袭南北朝时盛行的莲花纹外，还采用朵花、草叶、卷叶纹，并在布局上加以穿插、替换；装饰手法有印花、刻画花、贴花等多种技巧。

有一件隋安徽淮南窑制品青釉划花莲瓣纹四系盘口瓶，高43厘米，口径15厘米，足径13.5厘米。瓶盘口，长颈，溜肩，肩部置4个由双股泥条制成的竖系，鼓腹，腹以下渐敛，近底处外撇。通体施青绿色釉，釉仅及腹下部，釉下施有洁白的化妆土，釉面开有片纹。

盘口瓶釉下纹饰为划花和印花，颈、肩部均戳印圆圈纹，肩部有两道划花纹饰，上为覆莲瓣纹，下为忍冬纹，腹部3道划花纹饰，上下均为覆莲瓣纹，中为忍冬纹，每层纹饰间均以弦纹相隔。

隋代淮南窑制品还有黄釉高足盘，高12.5厘米，口径27.5厘米，足径14.5厘米。此盘直口微外撇，盘心坦平，有印花装饰，并有5个支钉痕，下承以空心喇叭状高足。通体内外施黄釉，但外壁仅施半截釉。

隋代青瓷高足盘

隋代青瓷盘口瓶

高足盘是南北方瓷窑普遍烧制的器形，最早见于北朝，隋代这种器物比较流行，在隋代的绘画、壁画上都可见到。发现隋代烧制高足盘的瓷窑有河北的贾壁窑，河南的安阳窑，安徽的淮南窑，湖南的湘阴窑，四川的邛窑等。

隋代还生产了大量质量较高的白瓷，以北方河北邢窑的白瓷最为突出，它与南方越州出产的青瓷交相辉映，北方瓷业的发展为以后唐宋瓷业南北遍地开花、名窑迭出的繁荣局面开了先河。

但这时的白瓷釉不是真正的白色，而是透明的玻璃釉罩在白胎上。器物胎质较白、釉面光润，已基本上看不到如南北朝白瓷中泛青或闪黄的痕迹。

这种在瓷胎上成功采用了白色化妆土的工艺，是隋代制瓷技术的重要成就之一。即在上釉之前，精选含铁成分少的白瓷土细密地挂在坯上，对白瓷釉色透明度的提高和呈色的稳定起着重要的作用。

隋代白釉瓷盖罐

有件隋白釉罐，高19.2厘米，口径9.7厘米，足径15.2厘米。罐唇口，无颈，溜肩，肩下垂直至

隋代刻花龙柄鸡首壶

足，平底无釉。胎骨呈白色，较为厚重。内外施白釉，外壁近足处釉不及底。釉薄而匀净，纯白无瑕，布满细碎开片。罐体造型饱满端庄，优雅而古朴。

隋白釉龙柄双联瓶是北方白瓷的代表。双瓶相连，以龙为柄，龙张口，双双衔住瓶口，造型生动。此瓶胎色较白，质地坚硬，施釉不到底，釉层薄而微微泛黄。自北朝北齐出现长颈瓶以来，至隋代瓶式更为丰富，以后历代均有烧造，造型各不相同。

另外，从公元608年李静训墓中，也发现了如白瓷双系螭把鸡首壶等一批白釉瓷器，较之北齐范粹墓发现的白瓷，釉质已有较大提高，全不见早期白瓷白中闪黄或闪青的痕迹，是代表隋代白瓷发展面貌的珍贵资料。

阅读链接

隋朝虽然历史较短，但国家统一局面的形成，为瓷器生产在南北方各地的普遍发展创造了条件。

隋瓷烧造品不仅大大增加，而且器形多种多样，既有各种生活用具，如碗、盘、瓶、壶、盆、杯、盒、钵、炉、灯、缸、罐、烛台、唾盂等，也有用于娱乐文房之器，如棋盘、砚台、水盂等。

虽然随葬用的明器还多有制作，诸如生肖俑、镇墓俑、武士俑、官吏俑、房屋、井台、柜橱等，但涉及人们生活的许多器物，逐渐从南北朝时期的明器转向实用器发展。

多种风格并存的唐代瓷器

同文化艺术和工艺技术的繁荣昌盛相一致，唐代瓷器的制作与使用更为普及，瓷器的品种与造型新颖多样，其精细程度远远超越了前代。

唐代越窑青瓷瓶

在发展中形成了“南青北白”的两大瓷窑系统。南方地区主要烧制青瓷，以浙江越窑为代表；北方地区主要烧制白瓷，以河北邢窑为代表。

唐代越窑青瓷的釉色晶莹清澈，青翠莹润，得到了唐代诗人的赞美。

陆龟蒙诗道：

九秋风露越窑开，夺得千峰翠色来。

这脍炙人口的诗句中所指的“越窑”，就是指浙江余姚上林湖周边地区的唐代瓷窑，而诗句中的“千峰翠色”，则是指上述瓷窑中烧制出来的青瓷釉色。

诸如此类的还有孟郊诗“越瓯荷叶空”、许浑诗“越瓯秋水澄”等，茶圣陆羽也称越窑青瓷“类冰”“类玉”。

陆龟蒙 唐代农学家、文学家，字鲁望，别号天随子、江湖散人、甫里先生，江苏吴县人。曾任湖州、苏州刺史幕僚，后隐居松江甫里，编著有《甫里先生文集》等。他的小品文主要收在《笠泽丛书》中，现实针对性强，议论也颇精切，诗以写景咏物为多。

唐代越窑瓷器的胎质细腻，釉层均匀，滋润光滑，如冰似玉，其釉色如“千峰翠色”般碧绿迷人，赢得了上自王公大臣，下至黎民百姓的深深喜爱。

唐代越窑青釉瓜棱壶

唐代越窑的代表作品青釉瓜棱壶，高20.4厘米，口径8.9厘米，足径9.4厘米。壶撇口，束颈，溜肩，长圆腹，圈足。

通体呈四瓣瓜棱形，肩部一侧置短流，另一侧置曲柄，与流、柄呈“十”字形的颈、肩之间置双系。通体内外及圈足内均施青釉。此壶造型圆润饱满，釉质润泽。

最精细的越窑青瓷被称为“秘色瓷”，仅供给皇家御用。其代表作就是陕西省扶风县法门寺地宫的“秘色瓷”。

法门寺地宫的秘色瓷盘

法门寺系唐高祖李渊定名，寺中供奉佛指舍利。这枚舍利是佛教的至宝，由7个函套装着，最里面的函装着舍利。所有的物品都是当时埋在地宫中的，文字写得清清楚楚，一共发现了2499件遗物，其中最重要的就是明确了秘色瓷是什么样子。

唐代的法门寺在做佛事的时候非常隆重，皇帝亲自主持仪式，所以法门寺里埋的一定都是最高等级的东西。当时秘色瓷一共埋了14件，地宫里的《衣物账》上注明：

瓷秘色碗七口，内二口银棱；瓷秘色盘子叠子共六枚。

其中地宫门口有一件秘色瓷八棱净水瓶，高14.3厘米。此瓶除足端无釉露出致密的浅色灰胎外，通体满釉，釉面晶亮莹澈，色泽青绿温润，代表了越窑工艺的最高水平。

其余13件都放在一个大盒子里，其中两件银棱秘色瓷碗，高7厘米，口径23.7厘米，碗口为五瓣葵花

法门寺 位于陕西省宝鸡市扶风县法门镇。据传始建于公元68年，周魏以前原名叫阿育王寺，隋改称成实道场，唐初改名法门寺，被誉为皇家寺庙，因安置释迦牟尼佛指骨舍利而成为举国仰望的佛教圣地。法门寺珍宝馆拥有出土于法门寺地宫的2000多件国宝重器，为世界寺庙之最。

形，斜壁，平底，内土黄色釉，外黑色漆皮，贴金双鸟和银白团花5朵，非常精美。

还有一件贴着金银箔的装饰盘子，称为金银平托。在古代，金和玉被看作最高级的材质，把瓷器烧成玉色，又在上面加饰金银，可见地位之高。

越窑青瓷代表了当时青瓷的最高水平。除越窑外，烧制青瓷的还有浙江境内的瓯窑、婺窑，安徽境内的寿州窑，湖南境内的岳州窑、长沙窑等。

唐代除形成了以浙江越窑为代表的青瓷外，还有以河北邢窑为代表的白瓷系统，这两大瓷窑被称为“南青北白”。

文献记载“内丘白瓷瓯……天下无贵贱通用之”。这里的“内丘”就是指盛产“白瓷瓯”的河北省内丘县的邢窑。

邢窑生产瓷器的主要特征是“白如雪”。邢窑的白瓷又有粗细之分，而以粗者居多，细者少数。细白瓷胎骨坚实、致密、釉色细润洁白，厚处呈水绿色。粗白瓷胎质较疏松，胎外均敷化妆土。

邢窑白瓷不仅广销国内，而且还远销海外，故“天下贵贱通用之”并非夸张之词。

有一件唐白釉奓斗，高9.9厘米，口径12厘米，足径6.9厘

奓斗 最早可溯源自商周时期的青铜觚。其特点是侈口、高胫、鼓腹、短足，口径可与腹径相等或稍大，径的高度占全器的1/2，当奓斗作为实用器使用时，其功能相当于唾盂。有玻璃材质和瓷器之分。玻璃奓斗只清代才有，并且流行于康熙、雍正、乾隆三朝。

唐代白釉执壶

米。奓斗口外撇，口沿呈漏斗形碗状，扁圆腹，平底。器里外施白釉，底无釉。此件胎质洁白细腻，釉色莹润雪白，造型规整大方，在唐代白瓷中属上乘之作。

唐白釉奓斗

唐代由于经济文化的发达，制瓷业得到了迅速发展，瓷器品种与造型新颖多样，白瓷作品中出现了新型的瓷塑。

如唐白釉狮子，高10.8厘米，底径6.3厘米。狮子昂首，两眼凸起，双耳直立，张口露齿，长须卷发，前腿直，后腿曲，尾上卷，伏卧于台上。狮的眼睛及腿部均点以褐彩。台为长方形，上下垂直，四周施褐色釉，深处呈黑色。此件白釉狮子姿态雄健，浑厚古朴，为唐代瓷塑艺术的一件杰作。

邢窑白瓷代表了当时白瓷的最高水平。除邢窑外，唐代北方生产白瓷的瓷窑还有河北境内的曲阳窑，河南境内的巩县窑、密县窑，山西境内的浑源窑等。

巩义窑有种特殊的瓷器称绞胎器，大体可分为两种：一种是全绞胎，即以深、浅两色胎泥相互搅合在一起再成型；另一种是贴面绞胎，即先将两种不同颜色的胎泥绞合在一起，绞出不同的纹理，再切成薄片，用胎泥将薄片粘贴到器物上。这种做法一是为了节省绞胎原料，二是为便于做出各种图案花纹。

如巩义窑绞胎枕，高8厘米，长12.5厘米，宽8.8厘米。此枕造型小巧，枕面前低后高，前侧有一通气孔。枕面及枕侧面以白、褐两色胎土绞出的五瓣团花纹样数组装饰，外罩黄釉。

唐代青釉印花三足炉

三足罐也是河南巩义窑常见的器形，造型模仿唐代金银器，以三彩数量较多，此外还有白釉、黑釉、蓝釉等品种。

如巩义窑唐绞胎三足罐，高11厘米，口径10.7厘米，足径15.8厘米。罐口外卷，圆腹，下承以三兽足。此罐通体绞胎，以两种颜色胎泥绞出木理纹样，并以团花形式表现，是绞胎器物中难得的佳作。

另外陕西省乾县懿德太子墓发现一件唐绞胎骑马俑，人和马全是绞胎处理，十分罕见，也是唯一的绞胎瓷塑。

在南方，江西景德镇和四川大邑窑也都有白瓷生产。如在江西景德镇梅亭发现的唐代白碗，白瓷工艺也已经十分高超了。

唐代无论青瓷、白瓷，其品种新颖多样，茶具、餐具、文具、玩具以及实用的瓶、壶、罐、碗等几乎无所不备；造型浑圆饱满，精巧而有气魄，单纯而富变化。

唐代早期的青、白瓷器物腹部丰满，造型有玉璧底器，四五出口碗、鱼形瓶、海棠式杯、贴花壶、三彩器、绞胎釉等，纹饰有印、刻动物纹，龙凤纹、人物、花草、几何形、山形纹及点彩、条彩。

瓷壶最常见的是一种多棱形圆柱短流的执壶，壶腹一般为椭圆形或瓜棱形，壶柄为双排曲柄，壶口多为喇叭口，外部施釉不到底，底多为微微内凹的平底。

与唐代书法艺术普及相关，唐代亦多有瓷砚制作。唐代瓷砚的足较多，更有镂孔圈足，砚面明显向上凸起。总之，唐代瓷器型从总体上看，往往给人一种浑圆丰满稳重的感觉。

唐代瓷碗一般较浅，有直口和斜出口等多种形式，其共同特征是：口沿外部突出一周如唇状俗称唇口，圈足为平底或玉壁底，外部施釉不到底。

唐代的瓷器生产虽有“南青”与“北白”之说，但这只是对整个唐代瓷器发展情况而言的，除了青瓷、白瓷之外，唐代还有“釉下彩瓷”与“花瓷”等新品种，从某种意义上说，“三彩陶器”也是唐代制瓷工艺的重要组成部分。

唐代越窑青瓷中已有褐色釉下彩绘装饰，湖南长沙窑釉下褐绿彩绘的出现，为瓷器装饰开辟了新的途径。

釉下彩瓷器突破了青瓷的单一色彩，用小点连缀成方形、六边形和花鸟图案，虽简单几笔，却生机盎然。

唐代青釉四系盘口壶

唐代长沙窑釉下彩雁纹壶，通高22.6厘米，口径10.6厘米，底径12.1厘米，长颈，敞口，瓜棱形腹，九棱短流，流腹相接处有明显的修坯痕，执手有修，腹内壁未施釉，可见十分明显的瓦槽形拉坯痕，这是长沙窑壶罐类产品一个典型的工艺特征。

该壶通体施青釉，釉面润泽清澈，并有浅开的鱼子细纹，雁纹的彩釉虽有剥落之处，这非但没有损

腰鼓 我国古老的民族艺术，它来源于生活，又很好地表现了生活。腰鼓是满、彝、汉等民族棰击膜鸣乐器。历史悠久，发音脆亮，在民间广泛流传，独具魅力的安塞腰鼓掀起了黄土地上的狂飙，展示出西北黄土高原农民朴素而豪放的性格，张扬出独特的艺术性。

害其整体形象，反而增加了器物厚重的沧桑感。

长沙窑釉下壶这类产品，其纹饰都在流的正下方，该壶纹饰以褐彩勾线，绿彩晕染，其奋飞的鸿雁及其一抹青山，虽极简练，却引人入胜。

浙江省宁波市也发现有唐代釉下彩鹿纹壶，彩绘技法成熟，笔法流利，小鹿神态活泼可爱，表现了唐代民间花鸟画的朴素风格。

釉下彩瓷器还有用一首诗作装饰。如有一件瓷壶上题诗：“春水春池满，春时春草生，春人饮春酒，春鸟弄春声”，开创了用诗词装饰瓷器的先声。

唐代“花瓷”的出现是瓷器工艺的又一新创举，所谓花瓷是指一种黑釉带乳白色，或乳白中呈现针状蓝色斑的瓷器，器形主要有罐等，窑址有河南境内的鲁山窑和郏县的黄道窑等。

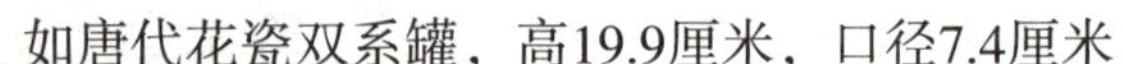

如唐代花瓷双系罐，高19.9厘米，口径7.4厘米，底径10.7厘米。罐口微外撇，短颈，颈两侧对称各置一系，丰肩，肩以下渐收，平底。近底处刻深弦纹一道。通体施黑釉，近底处露胎。乌黑的釉面上装饰4块灰蓝色斑块，似色料自然流淌所致，妙趣天成。

唐代黑釉执壶

还有唐待花釉细腰鼓，鼓长58.9厘米，鼓面直径22.2厘米，鼓为长圆筒形，

两头粗，全身施黑釉，饰7道凸弦纹，并于上用蓝彩绘数十块形状随意的斑纹，宛如点缀于黑色天鹅绒上飘浮不定的云彩，沉静典雅而又奔放不羁。

■ 唐代的黑釉瓜棱执壶

黑釉瓷也是唐代瓷器中的重要品种，河南省是发现唐代黑瓷最多的地区，巩县发现的有瓶、壶、碗、盘等，一般器形较小，给人以纯朴厚重感。

唐代黑瓷代表作品是塔式黑罐，集中了镂空、堆贴等技法，座上雕镂神像、人物和花卉，盖顶塑一小猴，形态天真活泼，是北方黑瓷的优秀作品。

六朝至唐代，我国与西亚各国文化交流频繁，波斯的一种鸟首壶传到我国，影响所及，在唐代的青瓷、白瓷及三彩釉陶中出现了凤首壶，其中以青釉凤首龙柄壶最为精美。

青釉凤首龙柄壶通高41.3厘米，口径19.3厘米，足径10.2厘米。壶盖与壶口吻合呈凤头状，使壶整体颇似一只挺立的凤鸟。壶柄塑成一直立的蟠龙，龙口衔住口沿，做窥视探饮状，前肢撑于壶肩部，后肢立于喇叭形底座上。

壶体以塑贴和刻画技法装饰。腹部塑贴主体纹饰两层，上为6个联珠纹圆形开光，内有手舞足蹈的力士，下为宝相花6朵。口沿、颈、肩及胫部饰以联珠纹、莲瓣、卷叶或垂叶纹。

此壶既汲取了波斯萨珊王朝金银器造型的特点，又融入了我国传

唐代青釉凤首龙柄壶

统的龙凤装饰艺术，集模印、刻花、划花等装饰技法于一体，体现了唐代制瓷业的高超技艺。壶胎体厚重，釉层凝厚，玻璃质感强，带有北朝以来北方青瓷的遗风。其装饰纹样繁复，层次清晰。

唐代的瓷器，华丽中透着典雅，典雅中又不忘增添几分光华与锋芒，所以，典雅与华美，在唐时期的瓷器艺术上，才完全做到了相辅相成，相得益彰。

阅读链接

早在东汉时期，古人就在昌南，即现在的景德镇建造窑坊，烧制陶瓷。到了唐朝，由于昌南土质好，先人们又吸收了南方青瓷和北方白瓷的优点创制出一种青白瓷。青白瓷晶莹滋润，有假玉器的美称，因而远近闻名，并大量出口欧洲。

18世纪以前，欧洲人还不会制造瓷器，因此中国特别是昌南镇的精美瓷器很受欢迎。在欧洲，昌南镇瓷器是十分受人珍爱的贵重物品，人们以能获得一件昌南镇瓷器为荣。

就这样欧洲人就以“昌南”作为瓷器China和生产瓷器的“中国”China的代称，久而久之，欧洲人就把昌南的本意忘却了，只记得它是“瓷器”，即“中国”了。

釉薄透明的五代十国瓷器

唐之后50年里，我国面临分裂的局面，北方由后梁、后唐、后汉、后晋、后周5个朝代先后统治黄河流域。南方各地存在着前蜀、吴、吴越、楚、南汉、荆南、后蜀、南唐、北汉等许多政权，历史上称为五代十国。

五代越窑青瓷套盒

五代白釉执壶

五代十国期间陶瓷生产仍以越窑青瓷为主，越窑在南方浙江省余姚、慈溪一带，唐代属越州管辖，故称越窑。

越窑始自东汉，至唐、五代时是其鼎盛时期，主要烧造青瓷，并形成了独特的风格，成为南方著名的青瓷窑。

越窑所烧器物造型丰富，纹样端庄秀丽，胎质细腻，釉色青中微带黄色，釉质滋润肥厚，如冰似玉，但五代时越窑瓷器已“臣庶不得用”，作为吴越王钱氏御用及贡品而被称为“秘色瓷”。

吴越王进贡中原朝廷瓷器动辄万件，最多的一次进贡竟然达14万件。

这时的“秘色瓷”釉色青翠莹润，器壁薄，器形规整，口沿细薄，转折处棱角分明，给人轻巧之感。

越窑青瓷的器物主要有杯、碗、盘、茶托、执壶、罐等。如五代越窑鸟式杯，高5.8厘米，口径7.3厘米，足径4.9厘米。鸟式杯仿汉代铜器式样，敞口微敛，弧壁渐收，高圈足外撇。

杯外壁贴塑一飞鸟，头部高出杯口，伸展双翅，相对处饰鸟尾为柄。内外均施青釉，釉色青绿微闪黄色，釉面有细小的开片纹。鸟身刻画线纹、圆点纹，

吴越国 五代十国时期的十国之一，由钱镠所建。都城为杭州。强盛时拥有13州疆域，约为今浙江全省、江苏省东南部和福建省东北部。吴越国共历5位君主。

鸟尾画直线纹。

此杯造型新颖别致，所饰鸟儿栩栩如生，既是一件实用器皿，又是一件可供观赏的艺术品，其独到的审美意境耐人寻味。

广东省广州石马村的南汉墓也发现有4件青釉夹耳盖罐，其中一件通高18.6厘米，口径7.2厘米，足径8.2厘米。罐直口，丰肩，肩以下渐敛，圈足。附平顶直口圆盖。里外满施青釉，釉色莹润，开细小纹片。

此种夹耳罐的设计取自南方木桶式样，显得新颖别致。罐肩部两侧分别立起一对带孔的方形系，盖的两侧亦各凸出一带孔的板片，罐盖扣合时，盖上伸出的带孔的板片夹于肩上双系空隙处，一端可系绳或插棍作轴，另一端可开启。

与此造型相同的夹耳盖罐不仅在浙江越窑及湖南长沙窑的制品中有发现，而且在长沙五代墓的随葬品中也有所见。由此可知，这种夹耳盖罐在五代时期江南地区颇为流行。

再如，五代十国精品青釉花口莲花碗，口径16.5厘米，高6厘米，器型端正工整，釉色微青，光亮滋润，造

秘色瓷 古代越州名窑进贡朝廷的一种特制瓷器，简称“秘瓷”。“秘色”一词最早出自晚唐诗人陆龟蒙诗篇《秘色越器》。“秘色瓷”就是用保密的釉料配方涂抹器物表面而烧成的瓷器。瓷器釉层特别薄，釉层与胎体结合特别牢固。所以，专用于皇家瓷器的烧造。

五代青釉瓜形执壶

五代白釉凤首壶

型精美，莲花形花口，为五代青釉精美瓷器。

五代时期的越窑青瓷釉面光滑，釉层透明度好，造型趋于秀美，同时瓷器的装饰也集中了以前的各种方法并加以发展，刻花、印花、画花技术发展到了高度成熟的阶段。

装饰题材也进一步拓宽，其人物、鸟兽、花草一应俱全，矫健的各式蟠龙，翱翔天空的鹤、凤，荷花、秋葵、牡丹花丛中比翼双飞的鹦鹉以及钱塘江汹涌的潮水等。

刻画人物的也很多，轮廓勾勒都很准确，线条流畅生动。莲花瓣装饰也异常丰富，有10多种不同形式与不同刻法。此外，五代瓷器还出现了装饰有风景的画面。这些装饰承袭了唐代金银器和铜镜、织绣的特点，花纹精美，构图严谨，表现了五代青瓷的高度水平。

执壶 又称“注子”“注壶”，隋代出现的酒具。唐前期器呈盘口，短颈、鼓腹，圆筒形或六角形短直流、曲柄，壶体较矮，鼓腹，假圈足。唐中晚期及五代时大量流行，基本取代了鸡首壶、凤首壶等。明清之后，造型增多，多用作茶具。

如越窑青釉刻莲花纹盒，通高4.8厘米，口径8.8厘米，足径5.4厘米。盒直口，外撇圈足。盒盖面坦平，直口。盖面刻花，中心为一莲蓬，外环莲瓣一周，盖边与盒底中腰各有弦纹一道，盒里外及足内满釉，釉呈青黄色。

这件越窑刻花盒为五代时的瓷器精品，器物施满釉，釉薄而匀，明显与唐代越窑不同。其莲瓣纹是越窑瓷器装饰中最有代表性的纹饰，莲瓣宽厚肥硕，有的花瓣中还有脉络，花瓣层次重叠者居多，单层者较少。

此盒所刻莲瓣线条圆润，刀工犀利，技艺娴熟，富有真实感，显示出越窑装饰的发展与成熟。

与唐代执壶相比，五代执壶的构造更趋合理，特别是壶流明显加长，便于实用，有一件五代越窑青釉执壶就是最好的例证，该壶高19.7厘米，口径9.7厘米，足径7.6厘米。

壶撇口，短颈，溜肩，长圆形五瓣瓜棱腹，浅圈足。壶身一侧置弯流，另一侧置连于口、肩之间的曲柄，肩部置对称竖系。壶内外及足内满施青釉，釉面开细碎片纹，壶流根部积釉处产生窑变现象。

花口盘自唐代中晚期开始流行，其造型受同时期金银器影响，至五代时最为盛行。此时的瓷器受金银器造型的影响较大，不仅盘多做成花口，瓶也多做成瓜棱形。五代时期的花口盘与唐代相比，口沿变化更为丰富，有5瓣、6瓣甚至10瓣口的器物。

五代青釉凤首执壶

如越窑青釉菱花口盘，高2.1厘米，口径10.7厘米，底径5.3厘米。盘口呈菱花状，斜壁，平底。里外都施以青釉，釉色莹润纯正，

■五代白釉花碗

盘的外底有支钉痕。

这件菱花口盘，口沿线条流畅，盘壁浅薄，给人以轻巧玲珑之感。釉面有明显经使用而留下的磨痕，说明是一件令人喜爱的传世珍品。

五代时期，湖南的岳州窑烧造的青瓷以小件盘、碗居多，但其中一件岳州窑青釉画花莲瓣纹盘口瓶是为数不多的形体较大的器物之一，颇为难得。

这件莲瓣纹盘口瓶高30.3厘米，口径11.6厘米，足径9.1厘米。瓶盘口，短颈，溜肩，腹部长圆，圈足外撇。通体施青釉，釉呈青黄色，釉层较薄，开细碎片纹。胎釉结合不紧密，釉面有剥落。肩部刻画3道弦纹，腹下部刻画莲瓣纹。

刻画莲瓣纹是五代岳州窑常见的装饰技法，湖南省长沙子弹库五代墓曾发现一件岳州窑青釉刻画莲瓣纹瓶，与此瓶造型大体相同，都足以代表五代岳州窑瓷器的烧造水平。

耀州窑烧制瓷器始于唐代，当时所烧造品种十分丰富，五代时期开始则以烧造青瓷为主，其青翠莹润的釉面和精致优美的造型，并不逊于当时声名显赫的越窑青瓷。

如五代耀州窑青釉葵瓣口碗，高7.5厘米，口径19.2厘米，足径7.2厘米。碗呈五瓣花口状，口沿外

弦纹 是一种原始陶瓷装饰纹样，作细而长的线条形，水平展开并环绕器物周匝。因使用工具及处理方法不同，形状也不尽相同，有凹凸、粗细、尖圆等不同形状，还有单线与复线之分。细弦纹和粗弦纹有时同时出现，有时与其他纹饰配合使用。

撇，斜壁，浅圈足。腹壁自花口凹陷处起棱线。通体施青釉，釉层较薄，釉面玻璃质感强并开细碎片纹。

这件青釉花口碗釉面虽有水沁痕迹，但造型秀丽，釉色匀净，仍能反映出五代时期耀州窑青瓷的烧造风格。

而另有一件非常玄妙的耀州窑产品，是陕西省彬县发现的青釉提梁倒灌壶，高18.3厘米，腹径14.3厘米，腹深12厘米。

胎质坚细，呈灰白色，釉色淡青略泛灰色，有光泽，壶身呈圆形，盖与提梁连接，提梁为一伏卧的圆眼、短嘴的凤凰，雕一对正在哺乳的母子狮作为流，造型生动逼真。腹部饰缠枝牡丹花，下饰一圈仰莲瓣纹。

这把壶最奇巧之处在于壶盖仅为装饰不能开启，而在底部中心有五瓣梅花孔，灌水时要将壶倒置，水从母狮口外流时始盛满，然后将壶放正，因壶内有漏注与水相隔，底部虽有梅花孔，但却滴水不漏。这件提梁倒灌壶造型结构奇特，纹饰繁缛华丽，是耀州窑器皿中罕见的珍品。

五代时期，北方著名

凤凰 在远古图腾时代被视为神鸟而予崇拜。它头似锦鸡、身如鸳鸯，有大鹏的翅膀、仙鹤的腿、鹦鹉的嘴、孔雀的尾。居百鸟之首，象征美好与和平。也是古代传说中的鸟王，雄的叫凤，雌的叫凰，通称凤。是封建时代吉瑞的象征，也是皇后的代称。

五代越窑瓜棱执壶

五代青白釉高足罐

的瓷窑是河北省邢台的邢窑，邢窑仍是主要制造白瓷；同时河北省曲阳涧磁村一带的定窑，烧造于晚唐相近。

五代时期制瓷的风格还保留了部分邢窑白瓷的特征，精致白瓷有很大发展，釉色纯白或白中闪青，制作精工，造型优美，胎色洁白细腻，瓷化程度很高，有一定的透明性。

如定窑白釉双系罐，高13.5厘米，口径8.3厘米，足径11厘米。罐口外撇，短颈，溜肩，直腹，浅圈足。

器里外施白釉，圈足无釉。颈下凸起弦纹一道，肩部刻画弦纹二道，两侧各塑贴一兽面衔环耳。

此罐釉色洁白纯正，造型虽小，但端庄气派，双耳设计尤为精巧，犀利的刀工将青面獠牙的瑞兽刻画得极为生动，显示出皇家用瓷风度，是五代定窑白瓷中的精品。

五代白釉花边钵

晚唐至五代末期，定窑瓷器铭款中以刻画“官”和“新官”者居多，陕西省西安市北郊发现晚唐定窑“官”字款白瓷就达33件之多；

五代白釉花口碗

河北省定县静志寺真身舍利塔基和净众院舍利塔塔基也曾发现17件定窑刻画“官”和“新官”款的瓷器。

“官”字款白瓷均为定窑产品。当年定窑部分作坊被皇室或官府征用后，为防止与民用器物相混淆，特刻画“官”字，以示区别。

与同时期不署款定窑瓷器相比较，这些“官”字款器制作工艺都相当精细，属于精品，已达到宫廷用瓷的标准。

如五代定窑白釉“官”字款碗，高6.6厘米，口径17厘米，足径6厘米，碗敞口，斜壁，圈足。胎体比较轻薄。

此外，碗里外及圈足内均施白釉，釉色纯正，足中心刻画“官”字。此碗属同一时代白釉瓷器中的精品。

五代十国青釉提梁倒注壶

琉璃厂窑又称华阳窑，始于五代，是四川成都地区著名瓷窑，窑址在华阳县城以南胜利乡一村，因当地俗称“琉璃厂”，故名。

该窑以生产日用陶

五代青釉褐彩带盖执壶

瓷为主，如碗、杯、碟、壶、瓶、罐、炉、灯及小件玩具。

琉璃厂窑的器物胎体较粗糙，胎中含铁量较高，所以胎色多为紫红、褐或土黄色。为了弥补原料的缺陷，大多在坯上敷以化妆土。

如五代琉璃厂窑绿彩双系瓶，高29.9厘米，口径 7.5厘米，足径9.2厘米。瓶盘口，细颈，溜肩，腹部修长，肩部两侧饰双系。

外壁施半截黄釉，下半部露胎，釉面以绿彩装饰，花纹简朴大方。此器胎体较粗，造型细长，具有典型的地方特色。

阅读链接

五代柴窑据说为后周世宗柴荣的御窑，故称柴窑。窑址一般认为在河南省郑州一带。据文献记载，所烧瓷器“天青色，滋润细媚，有细纹。足多粗黄土”。柴窑很可能是一个规模不大的窑址。

五代时期的柴窑，是我国天青釉瓷的创烧者，它的产品以天青釉瓷见长，瓷器表面应该是素面，釉色温润纯朴，胎体较薄，就像后人形容的那样“青如天、明如镜、薄如纸、声如磬”。

柴窑创制的天青瓷生产工艺，为鼎盛发展的宋代官汝、官仿官天青釉瓷的发展开创了先河，并奠定了我国天青釉瓷生产的工艺基础。

相传柴窑器物传世不多，世有“片柴值千金”之说。但由于始终未发现窑址，因此也无法确定何者为柴窑器。

宋元明清瓷器

陶瓷业至宋代得到了蓬勃发展，并开始对欧洲及南洋诸国大量输出。以钧、汝、官、哥、定为代表的名窑在全国各地兴起。

元朝时枢府窑出现，景德镇开始成为我国陶瓷产业中心，其名声远扬于世界各地。

明朝时期，景德镇的陶瓷制造业在世界上独占鳌头，在工艺技术和艺术水平上突出，尤其青花瓷达到了登峰造极的地步。

康雍乾时期陶瓷业最为辉煌，工艺技术复杂的产品多有出现，各种颜色釉及釉上彩异常丰富。清晚期，陶瓷制造业渐趋退化。

以五大名窑为主的宋代瓷器

宋代是我国瓷器空前发展的时期，出现了百花齐放，百花争艳的局面，瓷窑遍及南北各地，名窑迭出，品类繁多，除青、白两大瓷系外，黑釉、青白釉和彩绘瓷纷纷兴起。

宋朝瓷器，以其古朴深沉，同时又千姿百态、各竞风流的气象为我们中华民族在世界工艺发展史上矗立起一座让世人景仰的丰碑。

北宋越窑青釉刻花执壶

宋代瓷器突破了“南青北白”的局面，品类繁多，器型多样。最受欢迎的有“梅瓶”“玉壶春”等，而且釉色优美，高贵朴实，有类玉的效果，以单色瓷为主，体现了儒家文化所提倡的简洁素雅之美，有明显的民族精神体现。

宋代青白釉执壶

宋代工艺美术种类中，瓷器成就最高。举世闻名的汝、官、哥、定、钧五大名窑的产品为世所珍，还有耀州窑、湖田窑、龙泉窑、建窑、吉州窑、磁州窑等产品也是风格独特，各领风骚，呈现出欣欣向荣的大好局面，是我国古代陶瓷发展的第一个高峰。

如果按地域来分，宋代陶瓷窑大致概括为6个瓷窑系，分别是北方地区的定窑系、耀州窑系、钧窑系和磁州窑系；南方地区的龙泉青瓷系和景德镇的青白瓷系。

这些窑系一方面具有因受其所在地区使用原材料的影响而具有的特殊性，另一方面又具有受帝国时代的政治理念、工艺水平制约而具有的共同性。

河南省宝丰县清凉寺的汝窑属北方青瓷体系，以食具为大宗，瓷器品种以青釉瓷为主，兼烧钧窑系青瓷。青瓷的器类以盘、碗居多，样式简单。

汝窑的装饰绝大部分青瓷饰以印花，刻花极少，另有光素无纹饰者。印花纹样均饰于盘、碗器内壁，花纹廓线凸起，以点线纹勾勒叶筋为其特点。题材以花卉为主，菊花、牡丹最多，还有枝叶纹、海水纹等，常用缠枝式或折枝式布局表现多彩的花姿。

如汝窑天青釉三足樽承盘，高4厘米，口径18.5

儒文化 又称儒学、儒家学说，或称儒教，是我国古代最有影响的学派。作为华夏固有价值系统的一种表现的儒家，并非通常意义上的学术或学派，它是中华法系的法理基础，是我国的基本文化信仰。儒家最初指的是冠婚丧祭时的司仪，自春秋起指由孔子创立的后来逐步发展以仁为核心的思想体系。

厘米，足距16.9厘米。承盘圆口，浅腹，平底，下承以三足。里外施天青色釉，釉面开细碎纹片。外底满釉，有5个细小支烧钉痕。

清乾隆皇帝收藏后，曾为其题诗一首，由宫廷玉作匠师以楷书镌刻于器物外底。诗道：

紫土陶成铁足三，寓言得一此中函。
易辞本契退藏理，宋诏胡夸切事谈。

后署“乾隆戊戌夏御题”。此器造型规整，釉呈淡天青色，柔和温润。它应与三足樽配套使用，用以承放三足樽。

《格古要论》 我国最早的文物鉴定专著。明曹昭撰。书成于1388年。《格古要论》上卷为古铜器、古画、古墨迹、古碑法帖四论；中卷为古琴、古砚、珍奇、金铁四论；下卷为古窑器、古漆器、锦绮、异木、异石五论。

■宋代白釉提壶

官窑由官府直接营建，为皇家自办，烧制御用瓷器以“紫口铁足”成为瓷器精品，并有北宋官窑、南宋官窑之分。

官窑瓷器虽然在宋代瓷器中只占极少数，但是由于其所处地位和具备的优越条件，使它在当时烧造了一批宫廷所需的高档瓷器。

官窑产品以宫廷生活用瓷与陈设瓷为主，有碗、盘、碟、盏托、洗、瓶、炉、尊等，样式多种。瓶有弦纹瓶、直颈瓶、瓜棱瓶、贯耳瓶、胆式瓶、八方瓶、盘口瓶等，造型各有特点。

南宋官窑梅瓶

官窑青瓷闻名于世，北宋汴京官窑青瓷继汝窑烧造，其形制、釉色、工艺与汝窑有共同之处。《格古要论》说汴京官窑器“色好者与汝窑相类”。

器多仿古，釉色有淡青、粉青、灰青等多种色调，釉质匀润莹亮，大纹片，胎骨深灰或紫色，满釉裹足支烧，器底有支钉痕。

如官窑青釉圆洗，高6.4厘米，口径22.5厘米，足径19厘米。洗敞口，器身近直，洗里坦平，圈足矮宽，底部边沿露胎无釉。造型端庄典雅。通体施青釉，釉呈粉青色，纯净莹澈。釉面上，金丝般的开片纵横交织，片纹间又闪现出条条冰裂纹，优美和谐。

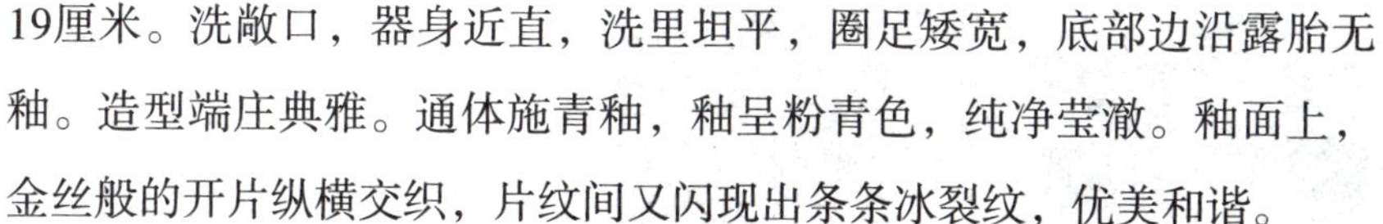

这件官窑圆洗是宋时宫廷御用器，在造型、工艺及装饰技巧方面都十分考究，尤以釉色及片纹突出。在釉层较薄的器口或未被釉层遮盖的器底部分，形成“紫口铁足”，使器物愈显古朴庄重。

宋代青釉印花盘

汴京 即河南省开封市，简称汴，古称“汴州”“东京”“大梁”。是我国多个重要王朝的首都。战国时期，魏国建都于此，称“大梁”，公元960年北周大将赵匡胤发动陈桥兵变代后周称帝，建立宋朝，仍以开封为首都，称为“东京”。

清代乾隆皇帝尤为喜爱，曾为此洗拟诗一首，由皇家玉作匠师以楷书镌刻于洗之外底。诗道：

修内遗来六百年，喜他脆器尚完全。
况非髻垦不入市，却足清真可设筵。
讵必古时无碗制，由来君道重盂圆。
细纹如拟冰之裂，在玉壶中可并肩。

下署“乾隆御题”。

南宋官窑是北宋汴京官窑的继续，郊坛官窑考古发掘的资料表明，南宋早期的青瓷产品，为薄胎薄釉青瓷，胎薄质细，色黑褐或深灰，釉色以粉青为主，兼有青灰、青黄和炒米黄等色调，釉层薄而润泽，有纹片，满釉支钉装烧，器底有圆形支钉痕，工精质高。

南宋官窑粉青釉胆式瓶

南宋官窑青瓷的形制、胎、釉和支烧工艺都与北宋汝、官窑青瓷特点相类，确为“袭故宫遗制”。

南宋后期官窑青瓷的烧造追求玉石质感，改变制瓷工艺，创用素烧胎多次上釉二次烧成的厚釉工艺，制出薄胎厚釉青瓷，釉质如玉石般的光亮莹润，釉面上显露横竖交织的

南宋官窑贯耳瓶

蟹爪纹片或层层叠错的冰裂纹片，有说不尽的奥妙。

郊坛官窑烧制的青瓷器物除碗、盘、洗外，又多仿周、汉时期青铜器式样。

如宋官窑弦纹瓶，洗口，长颈，硕圆腹，圈足，颈至腹部凸起弦纹数周，圈足两侧有对称的横孔，古朴端庄，为仿汉铜壶的式样。

再如，官窑贯耳瓶，高22.8厘米，口径8.3厘米，足径9.6厘米，即仿自古代青铜投壶造型，直口阔腹，瓶侧筒状贯耳与足部两侧长方孔相对应，可以穿系绳带。此瓶釉色厚润，端庄典雅，是宋代瓷器中的珍品。

宋代官窑弦纹瓶

青瓷体系的钧窑位于河南省禹县，钧窑系青瓷盘、碗、洗等器物的釉色有青绿、月白、天蓝，色泽纯正，釉质滋润。

宋钧窑天蓝釉红斑花瓣式碗，高4.8厘米，口径9.5厘米，足径3.5厘米。碗呈花瓣状。口内敛，器里凸起、器外凹进10条棱线，将碗自然分成十花瓣形，圈足。通体釉色为天蓝色，其上显现几块紫红斑块，上有铁质斑点结晶。

磁州窑 我国古代北方最大的一个民窑体系，是著名的民间瓷窑，窑址在今河北省邯郸市磁县的观台镇与彭城镇一带。磁州窑创烧于北宋中期，并达到鼎盛，南宋、元明清仍有延续。磁州窑以生产白釉黑彩瓷器著称，开创了我国瓷器绘画装饰的新途径，为宋青花及彩绘瓷器发展奠定了基础。

此碗造型别致，宛如一朵盛开的花朵，妩媚多姿。蓝、紫相间的釉色，又如同天空中飘浮的彩云。

这件碗也表现了在钧窑中最重要的窑变现象，即釉中所含各种呈色元素铁、铜等，在窑中烧制时，由于火焰的性质和温度的高低的不同，所成的釉就具有各种不同的颜色，五光十色，光彩夺目，突破了以往青瓷、白瓷的单纯色调。

如钧窑月白釉瓶，高28厘米，口径4.8厘米，足径7厘米。瓶唇口，口沿微撇，长颈，颈部上宽下窄如喇叭形，圆腹下垂，圈足。通体施月白釉，口沿处釉薄微显胎色，足边呈酱色。此瓶造型别致，釉色匀净，为民窑中较好的作品。

宋代钧釉胆式瓶

钧窑窑变瓷器精品再如玫瑰紫釉尊，高18.4厘米，口径20.1厘米，足径12厘米。尊仿青铜器式样，口沿外撇，直颈，鼓腹，圈足。器内外通体施铜红窑变釉。

口沿下至颈部以天蓝釉为主，晕散数道玫瑰紫红釉。腹部则主要施玫瑰紫红釉。器内兼施玫瑰紫与天蓝色釉。底刻“六”字款并有5孔。

此尊造型端庄规整，釉色如晚霞般柔和典雅。在蓝紫融汇、交织变化的釉色中，呈现蚯蚓走泥纹，使器物更增自然之美感。此尊应为宫中植花用的花盆，是宋代传世钧窑瓷器中的

宋代钧窑玫瑰紫釉尊

精品。

宋代白瓷体系最重要的是定窑和磁州窑，定窑在河北省曲阳县，是宋代北方著名瓷窑。北宋是定窑发展的鼎盛时期，曾经为宫廷烧造贡瓷，因此身价倍增。

定窑的白瓷装饰，有刻花、划花和印花，以印花最精。它的特点是：布局严谨，层次分明，线条清晰，工整素雅，密而不乱，讲求对称。它的胎色白色微黄，较坚致。釉色滋润莹泽，特点是有蜡泪痕。

其中定窑孩儿枕是烧制最为精美的一种瓷枕。瓷枕是我国古代的夏令寝具。古人认为瓷枕“最能明目益睛，至老可读细书”，所以无论富贵贫贱都对其极为喜好。

瓷枕最早创烧于隋代，唐代以后开始大量生产，并逐渐成为人们喜爱的床上枕具。

到了两宋及金、元时期，瓷枕的发展进入了繁荣期，产地遍及南北，造型非常丰富。

宋代孩儿枕

定窑孩儿枕制作精奇，匠师把瓷枕处理成一个伏俯在榻上

宋代定窑白釉壶

的男孩，男孩的头斜枕于交叉的手臂上，脸向右侧，表情稚朴天真，大眼睛、宽脑门，肥大的双耳、饱满的耳垂和小巧挺直的鼻子构成了我国理想的“富贵”形象。

男孩的右手持一绣球，身穿绣花绫罗长衫，外罩坎肩，下穿长裤，足登软底布鞋，向人们展示了宋代服饰的特点。男孩的卧榻四周雕饰螭龙、如意纹饰，精致华美。

由于人物雕塑栩栩如生，神情状貌表现得恰到好处，加上瓷胎细腻，釉色白中发暖，如象牙般均匀滋润，瓷枕整体给人以柔和温馨的美感。

定窑孩儿枕做成男孩形状，或许寓意“宜男”。它清凉沁肤，爽身怡神，颇受人们的喜爱。

宋代定窑白瓷枕

宋代定窑瓷枕

此枕以婴孩的脊背作枕面，颇具匠心。其雕塑手法细腻入微，生动地表现出孩童的体态神情，凝聚了匠师倾注的真善美。

北宋定窑瓷器精品还有北京先农坛发现的白釉瓜楞提梁壶，通高15.3厘米，口径1.7厘米，壶口下凹，短流，圈足。

壶身呈六棱瓜瓣形，提梁仿藤编样式，前端分成3股，每股前端有模印的花卉片饰与壶体相接，尾部也是同样装饰，小巧而别致。全器满施白釉，白中泛黄，此种造型的壶在宋、辽时期北方地区较为流行。

宋代时，磁州窑则以白地黑花剔刻装饰最有特色，八方形枕是磁州窑常见的枕式，在窑址调查中发现有专门烧这种枕的窑。

八方形枕的装饰纹样多为折枝花鸟、莲池游鸭、鸡、兔等，具有浓厚的生活气息。

有件磁州窑白地黑花八方枕，高12厘米，枕面长

螭龙 传说龙有多种，有鳞为蛟龙，有翼为应龙，有角为虬龙，无角为螭龙。战国时期，螭龙纹头部的特征是圆眼、大鼻、眼尾梢有细长线。双线细眉，上线很浅很细，往往不易看出。下线明显，猫耳，大多数耳朵方圆。腿部线条弯曲，脚爪往往向上翘起，用曲折的弧形线，尽情地把关节主要活络趾骨都表现出来。

宋代定窑刻花贵妃瓶

32厘米，宽23厘米；底长31厘米，宽21.5厘米。枕八方形，面、底出沿，枕壁棱角处有8条竹节状突起，背面有一通气孔，素底无釉。

枕面白地上以黑彩描绘折枝牡丹一枝，并在花瓣、花叶上刻画出筋脉。枕面周边描绘黑彩边框，枕面画面精细生动。

青瓷系列的还有南方的哥窑与龙泉窑，龙泉窑又称弟窑，都位于浙江省龙泉县，创始人是兄弟俩，哥哥叫章生一，弟弟叫章生二。

哥窑瓷器最大特点是瓷器通体开片，开大片为“冰裂纹”，开细片为“鱼子纹”，极碎为“百圾碎”，若裂纹呈黑、黄两色，则称为“金丝铁线”。

宋代哥窑青釉花瓶

如哥窑青釉鱼耳炉，高9厘米，口径11.8厘米，足径9.6厘米。此炉造型仿商周青铜礼器簋，“S”形轮廓线上敛下丰，勾勒出端庄饱满的体态。

腹两侧对称置鱼形耳，下承以圈足。造型古朴典雅。通体施青灰色釉，釉面密布交织如网的“金丝铁线”开片纹，使素净的釉面富于韵律美。外底有6个圆形支钉痕。

鱼耳炉因可用来焚香且炉身两

侧置鱼形耳而得名，此件鱼耳炉是宋代哥窑瓷器中的名品，属于清宫旧藏品。

清代乾隆皇帝曾对其颇为赏识，摩挲把玩时曾拟诗一首，由宫廷玉作匠师楷书镌刻于炉之外底。诗道：

伊谁换夕薰，香讶至今闻。
制自崇鱼耳，色犹缬鳝纹。
本来无火气，却似有云氲。
辨见八还毕，鼻根何处分。

款署“乾隆丙申仲春御题”。

宋哥窑精品的青釉弦纹瓶，高20.1厘米，口径6.4厘米，足径9.7厘米。瓶撇口，口沿隐现酱紫色，细长颈，扁圆腹，圈足，颈及肩部凸起弦纹4道。器里外及底心满釉，釉面开“金丝铁线”片纹，底足露胎处呈酱褐色。

此瓶颈部细长，腹部虽鼓而不显臃肿，整体具有一种纯朴、典雅的艺术效果。

龙泉窑为宋代南方民间名窑之一，有烧窑遗址数百处，以大窑、金村两地窑址存世最多，烧瓷质

百家衣 旧时汉族育儿风俗，流行于全国各地，是一种为婴儿祈寿的服饰。用向各家乞讨来的零碎布帛缝制而成。长子上学前，先向百户人家各索讨一块布或锦缎，拼缝制成。每块直径7厘米，呈八角形，颜色不同。绣上花、鸟、鱼、虫或人物。民间认为婴儿穿上百家衣，能保长命百岁。

宋代素胎刻划花执壶

宋代哥窑戟耳炉

量最精。始烧于北宋早期，南宋中期以后窑业极盛。

龙泉窑早期产品在器型、装饰、釉色各方面与越窑、温州窑、婺州窑相似。南宋中期逐渐形成了自己的风格，南宋晚期窑业大发展，对浙江、江西、福建境内的窑业产生影响。形成烧制龙泉风格的青瓷窑系，产品畅销南北各地，并远销东亚及东非、阿拉伯诸国。

龙泉窑产品以民间生活日用青瓷为主。北宋青瓷胎色灰白，釉色艾绿，釉质薄匀晶莹，多以刻花、篦点或篦划装饰技法，表现波浪、蕉叶、团花、缠枝花、流云、婴戏等纹样。还有塑贴纹饰。

龙泉窑瓷器类型以碗、盘、壶等为主，也有少量的盆、钵、罐、瓶等。造型端庄，制作工整，器底旋削平滑。

如龙泉窑青釉刻花牡丹纹瓶，在匀称的瓶体上，刻画枝茎缠绕的牡丹花，以篦划的细密线表现花筋叶脉，肩、颈部以覆莲瓣纹作衬饰，整器上花纹满布，层次分明，主题纹样丰满鲜明，是北宋龙泉青瓷的代表作。

浙江省武义北宋墓发现的龙泉窑青釉五管瓶，肩、腹部作塑贴花边装饰，展现了北宋早期龙泉青瓷器型与装饰特点。

南宋中期的龙泉青瓷，釉色多淡青，釉质晶亮透明，多为刻花，篦纹渐少。青瓷器类新增多种式样的炉、盆、奓斗等，器物底部厚重，圈足宽阔浅矮，造型淳朴稳重。

如浙江省松阳县南宋墓发现的青釉弦纹盖瓶，胎厚色灰白，釉薄透体，细密的层层弦纹规整清晰，展现了南宋中期龙泉青瓷特点。

蟠龙 指我国民间传说中蛰伏在地而未升天之龙，龙的形状作盘曲环绕。在我国古代建筑中，一般把盘绕在柱上的龙和装饰在梁上、天花板上的龙均习惯地称为蟠龙。相传蟠龙是东海龙王的第十五个儿子，曾施法降雨、驱逐怪兽造福于人间，最后累死于大地上。

南宋晚期的龙泉青瓷，胎色白，釉色青翠的梅子青釉或粉润如玉的粉青釉，达到釉色之美的顶峰。

此时期的器类更为丰富，有各式碗、盘、碟、盏、盆、壶、渣斗等日用品和文房用具砚滴、水注、笔筒、笔架、棋子与佛前供用的各式香炉，还有八仙塑像等。

这时突出的器物是，模仿古铜器和玉器造型的青瓷鬲、觚、觯、投壶、琮等古雅之品。早期

宋代龙泉窑双凤耳瓶

的刻画装饰风格已消失，堆贴、浮雕装饰大增。

宋代龙泉窑青瓷碗

如南宋龙泉窑青釉蟠龙纹盖瓶，在瓶的粗颈上环绕一条蟠龙，盖顶塑贴鸟形钮，小鸟翘尾、低首，似在垂视那神奇的龙，釉色青润如美玉。

龙泉窑三足炉，高12.4厘米，口径14.5厘米，足距9.2厘米。炉折沿，短颈，扁圆腹，下承以三足。肩部饰凸起弦纹一道，腹部与三足对应处饰有3条凸起的直线纹。通体施青绿色釉，三足底部为酱黄色。

北宋龙泉窑青釉五管瓶

此炉釉色为典型的梅子青色，青翠幽雅。炉腹至足部凸起的3条棱线原系仿青铜器的装饰纹样，因凸起处釉层较薄，呈浅白色，形成了出筋的装饰效果，翠玉般的釉色中显露出数道规整的白线，分外醒目。此炉造型仿青铜鬲，因此又称鬲式炉，是龙泉窑的上乘佳作。

还有南宋龙泉窑青釉凸花葫芦瓶，瓶体的上、下部位，分别凸起折枝花和缠枝花，一色的粉青釉遮盖其上，衬出花枝的鲜嫩，展现了南宋龙泉青釉的美妙。

在烧白胎青瓷的同时，龙泉窑还为南宋皇室烧造仿官窑的黑胎青瓷，在窑址遗存中有为数不多的黑胎青瓷残品。

南方青白瓷窑的另一代表是景德镇窑，带铭记的盒子在宋代景德镇窑的产品中比较常见，是不同的作坊在各自产品上所作的标记，以起到广告宣传的作用，一般均为印在盒子外底的“×家盒子记”阳文一行款，而且“盒”均写作“合”。

计有“段、许、蔡、吴、汪、蓝、朱、徐、程、张、余、陈、潘”13家。这种带作坊名称标记的青白瓷盒从一个侧面反映出当时商品竞争之激烈。

如景德镇窑青白釉印花盒，通高3.4厘米，口径5.2厘米，底径4.8厘米。盒呈菊瓣形，子母口，平底，造型精巧别致。盖面印有密集的锦纹，纹饰模糊不清。盒里外施青白釉，施釉不到底，露胎。外底印有“蔡家盒子记”。

宋朝瓷器从胎釉上看，北方窑系的瓷胎以灰或浅灰色为主，釉色却各有千秋。例如，钧窑釉，喻为海棠红、玫瑰紫，灿如晚霞，变化无穷如行云流水；汝窑釉含蓄莹润、积堆如凝脂；磁州窑烧出的则是油滴、鹧鸪斑、玳瑁等神奇的结晶釉。

宋朝龙泉青釉鬲式炉

南方窑系的胎质则

宋朝粉青釉凸花葫芦瓶

以白或浅灰白居多，景德镇窑的青白瓷色质如玉、碧如湖水；龙泉窑青瓷翠绿莹亮如梅子青青；哥窑的青瓷其釉面开出断纹，如丝成网，美哉天成，是一种独特的缺陷美；还有定窑瓷，其图案工整，严谨清晰的印花让人叹为观止；耀州窑瓷，其犀利潇洒的刻花给人以流动的韵律美。

从造型的角度看，宋瓷的器形较之前代更为丰富多彩，几乎包括了人们日常生活用器的大部分如碗、盘、壶、罐、盒、炉、枕、砚与水注等，其中最为多见的是玉壶春瓶。

宋代民间用瓷的造型大部分是大方朴实、经济耐用；而宫廷用瓷则端庄典雅、雍容华贵。最能反映皇家气派的是哥、官、钧、汝与定窑口烧制的贡瓷，最能体现百姓喜乐的是磁州、耀州窑烧制的民间瓷品。

如北宋双鱼纹矮碗，直径16.5厘米，高3.7厘米，包边处极细微芝麻飞皮，海水双鱼纹清晰，青釉起筋。

从纹饰上讲，宋瓷的纹饰题材表现手法都极为丰富独特。一般情况下，龙、凤、鹿、鹤、游鱼、花鸟、婴戏、山水景色等常作为主体纹饰而突现在各类器形的显著部位，而回纹、卷枝卷叶纹、云头纹、钱纹、莲瓣纹等多用作边饰间饰，用以辅助主题纹饰。

工匠用刻、划、剔、画和雕塑等不同技法，在器物上把纹样的神情意态与胎体的方圆长短巧妙结合起来，形成审美与实用的统一整体，令人爱不释手。

如婴戏纹，或于碗心，或于瓶腹，将肌肤稚嫩，情态活泼的童子置于花丛之中，或一或二，或三五成群，攀树折花，追逐嬉戏，真切动人，生活气息甚为浓厚。

宋代除了青瓷和白瓷，另外还有黑瓷系列，瓷呈纯黑色，主要有福建省建阳县水吉镇的建窑和江西吉安永和镇的吉州窑。

建窑始于唐代，早期烧制部分青瓷，至北宋以生产兔毫纹黑釉茶盏而闻名。兔毫纹为釉面条状结晶，有黄、白两色，称金、银兔毫；有的釉面结晶呈油滴状，称鹤鸪斑；也有少数窑变花釉，在油滴结晶周围出现蓝色光泽。

玉壶春瓶 又叫玉壶春壶，它的造型是由唐代寺院里的净水瓶演变而来。基本形制为撇口、细颈、圆腹、圈足。玉壶春瓶的造型定型于北宋时期，在当时是一种装酒的实用器具，后来逐渐演变为观赏性的陈设瓷，是中国瓷器造型中的一种典型器形。

宋代青釉双鹤纹碗

宋代建窑黑釉兔毫盏

该窑生产的黑瓷，釉不及底，胎较厚，含铁量高，故呈黑色，有“铁胎”之称。宋代著名书法家也是茶学家的蔡襄在《茶录》中道：

茶色白，宜黑盏，建安所造者绀黑，纹如兔毫，其坯微厚，熁之，久热难冷，最为要用。出他处者，或薄或色紫，皆不及也。其青白盏，斗试家自不用。

可见，宋代盛斗茶之风，又视建窑所产茶碗为最佳之器。

如宋建窑黑釉盏，高7.5厘米，口18厘米，底径5厘米。器口外撇，斜壁，浅圈足。通体施黑釉，釉面呈现黑、褐相间的兔毫纹，满釉至底足，器外口沿釉色呈黑黄褐色。此盏口径较大，线条流畅，造型十分优美。虽然它的胎、釉都与建阳窑黑釉盏明显不同，但它仍属于建阳窑类型器物。

吉州窑始于五代，兴盛于宋，所烧瓷器品种极为丰富，如白釉器仿定窑，青釉器仿龙泉窑，白釉彩绘及黑釉器可与磁州窑、建阳窑产品相媲美。其中尤以黑釉器变化多端，如玳瑁釉、描金彩绘、剔划花纹、黑釉褐斑及蓝斑等各具特色。

如吉州窑玳瑁釉碗，高5.3厘米，口径10.6厘米，底径3.4厘米。此碗釉面是在施黑釉时添加一些淡黄釉，经窑火焙烧，不同颜色的釉层在高温下相互浸润，烧成后淡黄釉色在黑釉底色衬托下蜿蜒浮现，似行云流水，宋代称它为玳瑁釉，是吉州窑主要品种之一。

吉州窑还有一种特色瓷为白地黑花瓷，这种装饰技法源于北方磁州窑，但又具有地方特色。吉州窑白地实为土黄色，黑花实为褐色。纹饰布局多以开光

蔡襄 先后在宋朝担任过馆阁校勘、龙图阁直学士、枢密院直学士、端明殿学士等职。主持建造了我国现存年代最早的跨海梁式大石桥泉州洛阳桥，蔡襄为人忠厚、正直，讲究信义，而且学识渊博，书艺高深，宋代书法素有“苏、黄、米、蔡”四大书法家的说法。蔡襄书法以其浑厚端庄，淳淡婉美，自成一体。

吉州窑玳瑁釉碗

宋代吉州窑白地黑花瓷罐

形式出现，常见奔鹿纹、花草纹。

有一件吉州窑白地黑花瓷罐，高10.5厘米，口径10.5厘米，足径6.3厘米。罐广口，圆唇，直颈，扁腹，圈足。颈及足部褐彩绘多道弦纹，肩颈之间一周黑地白点纹。

除罐以外，白地黑花器物还有瓶、壶、炉、尊等。

阅读链接

宋顾文荐《负喧杂录》记载“宣政间京师自置窑烧造，名为官窑”。据此可知，北宋后期在汴京设官窑，称“汴京官窑”，亦称“北宋官窑”。

宋高宗南渡以后，便在临安另立新窑，成为南宋的官窑。宋叶《坦斋笔衡》记载“中兴渡江，有邵成章提举后宛，号邵局，袭故官遗制，置窑于修内司，造青器名内窑，澄泥为范，极其精致，油色莹澈，为古所珍。后效坛下别立新窑，比旧窑大不侔矣”。

此文表明，南宋初营建的“官窑”有二：一是“修内司官窑”，亦称“内窑”，明高濂《遵生八笺》说，修内司官窑的地点在杭州凤凰山下。二是“郊坛官窑”，位于杭州市南郊乌龟山一带，亦称“乌龟山官窑”。

创制绝世青花的元代瓷器

1206年，成吉思汗建立蒙古汗国。1271年，忽必烈改国号为“大元”，取《易经》中“大哉乾元”之意。1279年忽必烈统一全国。

元代瓷器明显具有草原民族的独特风格，在瓷器的器物器形上都新创烧了许多蒙古族特有的器物类型。其创烧的单色釉也比前代精美。并设立枢府专门管理烧造瓷器，枢府烧出的白瓷为甜白釉色，被后世称为“枢府瓷”。

而且，此时的对外贸易、中西文化交流频繁，开始烧造大量瓷器外销。

元代青花瓜纹瓶

元代孔雀绿釉梅瓶

元代盛行大量烧造的青花瓷大多是提供外销到中东众多伊斯兰国家。

在创烧众多新品种时，继承并发展了宋代的钧窑和龙泉窑，釉色肥厚圆润，器形圆壮。很多地方都有明显吸收汉文化的特点。

元代河南省禹县继续烧造钧瓷，和宋、金不同的是元钧瓷的胎子更厚，更粗糙、疏松。有砂粒及砂眼，胎子颜色深灰。胎釉结合不如宋钧紧密、釉子略粗，有大气泡和宗眼。

颜色一般是浅淡的月白色或蓝灰色，个别器物上有紫红色彩斑，是人工有意涂抹而不是釉中所含铜元素在高温中的自然晕散。釉厚，自然垂流不到底，底足无釉，露深黄色或浅褐色胎。

元钧瓷一般光素无纹、炉、罐、瓶等立器有的模印贴花或堆塑纹饰，由于釉厚，纹饰模糊不清。元钧瓷常见有盘、碗、罐、炉、瓶、盆等。

如元钧窑三足双耳炉，炉通高39厘米，直径25厘米，双耳，3个兽头足，在炉的前面和背面均有铺首纹饰，在炉的口沿外部有兽纹，兽的尾巴穿过炉耳成为炉耳装饰，在炉的口沿处及一个铺首纹饰上还有红斑。

元代磁州窑瓷器的胎子厚重，略显粗糙，多灰黄色，施白色化妆土、釉子白中闪灰黄，有的欠精细光润，黑彩多闪黄褐色。装饰以素白瓷、白釉黑花为主。

宋代出现的在黑彩上画纹饰的装饰方法，元代也有，一般用于在鱼、龙身上画鳞片或在雁、凤身上画羽毛。也有黑釉铁锈花、白釉黑花瓷上又罩低温孔雀蓝釉的，后者由于温度较低，釉子极易甫秒。白釉绘黑花瓷器纹饰常见的有龙凤、云雁、鱼藻、卷云、花卉、婴戏、人物故事、花鸟、诗句等。

匜 我国先秦礼器之一，我国古代贵族举行礼仪活动时浇水的用具，用于沃盥之礼，为客人洗手所用。匜最早出现于西周中期，流行于西周晚期和春秋时期。周朝沃盥之礼所用水器由盘、盉组合变为盘、匜组合。匜的形制有点类似于现在的瓢。为了防止倾倒，底部铸有三足、四足，底部平缓的无足。

元代磁州窑瓷器的器型较大，多碗、盘、罐、瓶、枕、盆、扁壶、玉壶春瓶、高足碗等。如元磁州窑浮雕龙纹大罐，高65厘米，口径16厘米，底径26厘米，最大腹径达140厘米。

青白瓷是宋代景德镇主要品种，元代继续烧造，但胎、釉、造型、装饰方法等和宋代有所不同。元代青白瓷的胎子很白，坚致，细密，胎体较厚；施釉略厚，白中透青，不透明，除了部分光素无纹的以外，也有用刻、划、堆塑、点彩、镂雕等方法装饰的。

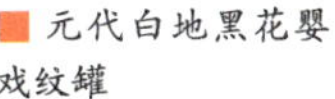

常见刻蚜纹饰有云龙、卷枝、卷草、牡丹、莲瓣等；或在盘和碗内心凸印朵花，堆塑常用于器盖或器身的装饰。

元代白地黑花婴戏纹罐

元代青白瓷器型较多，除了日常用的盘、碗、高足杯、瓶、罐、炉以外，还有一些新器型如葫芦形的执壶、扁执壶、多穆壶、匜、砚滴、笔山等。体形通常厚重饱满，瓶、罐等器下腹和胫清瘦，盘、碗体大而圈足小，都有头重脚轻的感觉。

元代耀州窑青釉刻花玉壶春瓶

元代龙泉窑的生产规模比宋代扩大了四五倍，产量很高，除了民用，主要外销。元代龙泉窑瓷器的胎质比宋代的要粗厚但仍很坚致，白中闪灰，施釉厚，釉面不如南宋时润泽，但很光亮，有很强的玻璃质感，呈黄绿色或葱绿色。

元龙泉窑瓷器主要装饰方法是划、印、贴、堆塑、镂空、点彩等。贴花分有釉、无釉两种，多在碗、盘、洗的内心贴双鱼、小兔、荔枝、飞龙等，无釉的是元代新创品种。

元龙泉的瓷器常见纹饰有折枝花、荔枝、莲花、月影梅、秋葵、灵芝、牵牛花、松竹梅等。这时期新添纹饰有四如意、八吉祥、八仙、银锭、杂宝、山水等，还大量出现文字，因釉厚，纹饰不很清晰。

元龙泉器型有盘、碗、罐、炉、执壶、洗、瓶、尊、高足杯、高足碗及人物塑像等。

如龙泉窑青釉划花执壶，口径8.7厘米，足径11.5厘米，高32.7厘米。壶盘口，细颈，圆腹下垂，细长流，流与壶颈之间连一曲形扳，曲柄，圈足。

壶通体施以青釉，釉下刻画庭院蕉石等花纹，若隐若现。壶体高大厚重，造型端庄沉稳。釉色莹润，青翠欲滴，造型为玉壶春瓶形，具有元代瓷器的典型

八仙 是指民间广为流传的道教8位神仙。八仙之名，明代以前众说不一，有汉代八仙、唐代八仙、宋元八仙，所列神仙各不相同。至明吴元泰《八仙出处东游记》始定为：铁拐李、汉钟离、张果老、蓝采和、何仙姑、吕洞宾、韩湘子、曹国舅。

特征。

白釉也称卵白釉，是元代景德镇窑在生产青白釉瓷基础上新创烧的一种高温釉，这类瓷器胎子极细白，坚致，胎体较厚，釉中所含微量的铁是导致釉色白中闪青颇似鹅蛋色泽的主要原因。

元代白釉瓷数量不多，但制作精细。造型以盘、碗、高足碗最为多见，装饰技法以印花为主，刻画花为辅。盘、碗之内壁往往横印缠枝花卉或云龙、云凤、云鹤、花鸟、缠枝莲托八吉祥等，有的器物在花纹间模印官府铭文或吉祥文字，其中最为多见的是“枢府”铭，因此，有时人们又将卵白釉瓷称作“枢府瓷”。

如卵白釉印花“太禧”铭云龙纹盘，高2.3厘米，口径17.8厘米，足径11.4厘米。盘敞口，浅弧壁，圈足。胎骨坚细洁白，内外施釉，釉层较厚，呈失透状，釉面莹润，釉色白中泛青，恰似鹅卵色泽，足内露胎无釉。

该盘外壁刻画变形莲瓣纹一周，共16瓣，莲瓣纹尖部划一道弦纹。盘内有阳纹印花装饰，盘心是一龙戏珠，龙张口露齿五爪，身体舞动，异常矫猛，衬以朵云和火珠。盘内壁为缠枝莲托八吉祥纹，花间对称印有“太禧”两字。八吉

八吉祥纹 又称“八宝纹”，是一种典型的含有宗教吉祥意义的瓷器装饰纹样，指法轮、法螺、宝伞、白盖、莲花、宝瓶、金鱼、盘肠结8种图案，分别代表佛法圆轮、佛音吉祥、覆盖一切、遮覆世界、神圣纯洁、福智圆满、活泼健康和回贯一切，被藏传佛教视为吉祥象征。

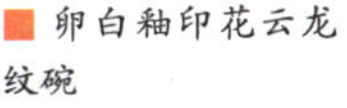
卵白釉印花云龙纹碗

元代青花龙纹玉春瓶

祥的顺序，从“太”字往左按逆时针方向依次为“肠、螺、轮、盖、花、珠、鱼、伞”。

再如卵白釉印花云龙纹盘，高4.1厘米，口径15.9厘米，足径5.3厘米。盘敞口，浅弧壁，圈足。胎体洁白，里外施卵白枢府釉，内底及内壁均模印云龙纹。

“枢府”“太禧”分别代表元代最高军事机关“枢密院”和专掌宫廷祭祀的机构“太禧宗禋院”。《元史》记载：

太禧宗禋院……掌神殿朔岁时忌讳日辰享礼典。天历元年，罢会福、殊祥二院，改置太禧院以总制之。

由此可知，“太禧”铭卵白釉瓷的烧造年代应在太禧宗禋院的设立之年1328年以后。

卵白釉瓷除了“枢府”“太禧”之外，还有“东卫”“昌江”“南水”“福禄”“福寿”“白王”“天顺年造”等铭款。“太禧”铭卵白釉瓷器甚为罕见，传世的仅有3件，弥足珍贵。

蓝釉瓷是元代景德镇创烧的新品种。它是以钴蓝为着色剂，经高温一次烧成的。元代蓝釉瓷有的光素无纹，有的饰有刻白纹饰，有的加绘金彩。

如河北省保定市窖藏元蓝釉描金折枝花朵云纹匜，高4.5厘米，通流长17厘米，底径8.5厘米。匜敞口，浅弧腹，平底。口一侧出槽形流，流下置一小系。胎较薄。内外施蓝釉，釉厚而不均匀。口边和外底无釉。内底描金线圈内绘金彩折枝花纹，内壁画5朵金彩祥云。

该器造型模仿青铜匜，蓝釉闪烁着宝石蓝般的光泽，配以熠熠生辉的金彩。同时发现的还有蓝釉描金小杯和盘。此匜金色花纹丝毫无损，光艳如新，实属罕见。

红釉瓷为元代景德镇创新品种，是以铜红为着色剂、经高温在还原气氛虽烧成的。由于铜红的烧成技术比钴蓝还要难以掌握，因此成品极少，只有在元大都遗址有少量发现，出土的只有盘、碗、印盒等小件器物。

如元红釉暗刻云龙纹执壶，高12.5厘米，口径3.5厘米，足径5.3厘米。壶体呈梨形，直口，口以下渐丰成下垂的圆腹，腹部一侧置弯流，另一侧置曲柄，圈足较高微外撇，无款。

附伞形盖，盖顶置宝珠形纽，盖一侧及壶口沿外侧各置一个小圆环系，以便系绳连接，防止壶盖脱落。通体满施红釉，腹部暗刻五爪云龙纹。此壶釉面匀净，釉色鲜艳，是元代红釉瓷器中的珍品。壶身的龙纹细颈长嘴，形态生动，具有鲜明的时代特征。

元代青花缠枝牡丹纹罐

梨形壶是元代景德镇窑新创的造型，这种壶的形体小巧，主要用于餐桌上。

元代釉下彩绘瓷“青花”是古代瓷器最重要的角色，它是用钴料在白色坯胎上绘纹饰后罩透明釉，在还原气氛中经高温一次烧出白底蓝花瓷器。不罩釉烧出来的纹饰是黑色的。

元代青花瓷器大致可分为小件和大件两大类，小件器物胎子轻薄，不甚精细，多为青白、乳白半透明或影青釉，青花的颜色灰暗迷蒙，纹饰稀疏但奔放洒脱，有的可以说相当潦草，所有钴料含锰量高，含铁量低，和国产的钴土矿特点相同，应是国产钴料所绘。

常见的器物有杯、碗、盘、匜、香炉、小罐、蒜头瓶、玉壶春瓶等，这些大多是日常生活用品，并且这类青花瓷器当时生产数量有限，多属民用瓷。

如元青花凤穿牡丹纹执壶，高23.5厘米，口径4.7厘米，足径7.3厘米。壶直口，口下渐展，粗颈，垂腹，腹下内敛，圈足微外撇。

腹一侧置上细下粗的长弯流，流上绘火云纹。另一侧置曲柄，上端有小系，柄上绘银锭、宝钗等纹饰。附平顶盖，有圆珠纽，盖上绘菊瓣纹。圈足内施白釉，无款识。器身于青白釉下满饰青花纹样，腹两面均绘凤穿缠枝花卉纹，间以火珠云及竹石纹。

元代青花凤穿牡丹瓶

此壶通体花纹满密，而主体纹样突出，繁而不乱。青花色泽浓艳亮丽，是传世的元代青花瓷器中少见的佳作。

此器形造型源自阿拉伯民族使用的铜器，为元代瓷器的流行样式，除青花器外还见有龙泉窑青釉制品，元代瓷器借鉴这种造型时，特别注意到吸取蒙古民族铜壶粗犷豪放的风格特点。

再如，青花飞凤麒麟纹盘，高7.9

厘米，口径46.1厘米，足径26.1厘米。盘折沿，菱花式口，盘心坦平。通体施青白釉，底素胎无釉。

元代青花荷莲盘

盘内外绘青花纹饰多层。折沿上绘卷草纹，内壁青花网纹地上突出白色缠枝牡丹纹，盘心边缘环以卷草纹，中央青花地烘托麒麟、翔凤各一，空间衬以白色的莲花及朵云纹。盘外壁绘缠枝莲纹。

此器青花发色纯正，构图严谨。盘心纹饰寓意“威凤祥麟”以示天地祥和。

元代青花瓷器装饰有两种形式：一种是以青花料直接在白色胎体上描绘纹饰；另一种是以青花为地，衬托白色花纹。

如青花鸳鸯荷花纹花口盘，或称“满池娇”，高7.3厘米，口径46.4厘米，足径29.8厘米。盘16瓣菱花口，折沿，浅弧壁，圈足，内外青花装饰。

内底绘两只鸳鸯游弋在莲池中，一鸳、一鸯顾盼生情。内外壁均绘缠枝莲纹，茎上均结有6朵盛开的莲花。折沿上绘菱形锦纹。圈足内无釉且内墙斜削。

此盘上的主题纹饰为内底所绘人们喜闻乐见的莲池鸳鸯图，这种莲池小景是元代青花瓷器上常见的装饰题材。有的只绘莲池，有的在莲池中绘有禽鸟，多画在大盘、大碗的内底，亦有画在八棱大罐外壁开光内者。

这种“池塘小景”即文献中所记载织绣品上的“满池娇”纹样。

柯九思
（1290—1343），字敬仲，号丹丘、丹丘生、五云阁吏，博学，长诗文，精鉴别。素有诗、书、画三绝之称。书法雄健稳秀。工山水、竹石，尤精墨竹。元文宗仿宋阁学制，柯九思被迁升为奎章阁鉴书博士，专门负责宫廷所藏的金石书画的鉴定。

早在南宋吴自牧撰《梦粱录》卷十三“夜市”条中记载当时临安夜市夏秋售卖的物品中就有“挑纱荷花满池娇背心”。

元代画家柯九思《宫词十五首》中有：

观莲太液泛兰桡，翡翠鸳鸯戏碧苕。
说与小娃牢记取，御衫绣作满池娇。

柯氏自注云：“天历间，御衣多为池塘小景，名曰‘满池娇’。”因“天历”系元文宗图帖睦尔的年号，这说明文宗皇帝的御衣上有“满池娇”图案。

元代《可闲老人集》载：“鸳鸯鸂，满池娇，彩绣金茸日几条。早晚君王天寿节，要将着御大明朝。”由此可见，“满池娇”是一种宫廷服装图案的名称，描绘的是池塘中的花、鸟景色。

还有一类青花瓷，以大件器物为多，其共同特点是大器者胎体厚重，色白致密，透明釉白中闪青，青花颜色浓艳鲜亮，色浓处带有黑褐色的斑点，纹饰层次较多，有的甚至多达十来层。

■元青花大罐

画得很满密，但繁而不乱，层与层之间留一周空白，器底端两层之间无空白，每层纹饰内容之间没什么关系，如经常是在

缠枝菊、蕉叶、缠枝莲、缠枝牡丹之间夹杂云凤、杂宝、海水江牙等，将毫不相干的纹饰组合在一件器物上。

元青花四爱图梅瓶

如大型酒器元青花海水白龙纹八方梅瓶，高46.1厘米，口径6.2厘米，足径13.4厘米。梅瓶胎骨厚重，小口平沿，颈细短。瓶身修长，有八棱。

肩饰斜格锦纹，锦纹下一周大如意云头纹，内绘凤或麒麟穿牡丹图样，瓶身中部一周绘4条白龙，衬以青花海水和火焰纹，近足处饰一周如意云头纹，内绘牡丹花叶。

佛经中说曼陀罗始转于东方，末至西北，总为八方，意即佛法遍及周围各地。元朝廷崇道信佛，此器八方，又以龙纹等为饰，寓意皇帝威加天下。

此器胎骨细腻洁白，釉质滋润透亮，青花色泽浓艳。体现了元代青花大型瓷器造型硕大丰满、纹饰繁密、层次丰富、构图严谨的特点，一改唐宋以来瓷器花纹布局疏简的传统，工细的描绘加上繁复的层次，形成了花团锦簇的艺术风格。

器肩与近足处硕大的青花云头纹借鉴了元代丝织品披肩的图案，龙纹的出现和显著增多也是这一时期瓷器装饰艺术的特点。

梅瓶不仅纹饰宜人漂亮，而且白釉洁净润泽，青花用料浓淡相宜，发色明丽，富有层次感，加之遒劲的拓抹绘瓷笔法，使画面有丹青之妙，周身散发着美器的光泽。

元代青花梅瓶

到了明代，梅瓶变为高等级墓葬随葬品，有镇墓辟邪的作用。除了是地位的象征外，也有风水上的考虑，非王侯要臣，不得“享用”这种随葬品。

如江苏省南京市江宁县东善桥乡观音山沐英墓发现的元青花“萧何月下追韩信”梅瓶，即为元景德镇窑代表瓷器，该瓶有着极为独特的青花纹饰，体现了极高的烧制水平，被称为“中国瓷器三绝”之一。

“萧何月下追韩信”青花梅瓶高44.1厘米，底部直径为13厘米，而口径仅为5.5厘米。小口、斜腹、敛胫、平底，造型优美，线条圆润、流畅，雍容华贵，给人以凝重的美感。肩腹部刻有“萧何月下追韩信”的故事，瓷瓶上所绘的青花纹饰层次多样，非常独特。

沐英 明朝开国名将。字文英，朱元璋义子，镇滇10年间，大兴屯田，劝课农桑，礼贤兴学，传播中原文化，对西南安定作出杰出贡献。封黔国公，追封黔宁王，谥昭靖，享太庙，塑英像于功臣祠，配享太庙。为明朝统一和稳定征战30年，功勋卓著。

此件梅瓶通体绘有各种青花纹饰，虽然纹饰层次多样，但上下饰的西番莲、杂宝、变形莲瓣纹、垂珠纹等都很好地为萧何月下追韩信这个主体纹饰服务了，从而使整个器物浑然一体而主题鲜明突出。

这件瓷器的画面被放在了梅瓶的腹部，占据着主要的位置。整件器物造型端庄、稳重，胎质洁白致密，青花发色苍翠浓艳，而瓶中所绘人物的生动神情尤其精彩：萧何策马狂奔时的焦虑、韩信河边观望的踌躇不定、老艄公持桨而立的期待，都被表现得淋漓尽致。而空白处则衬以苍松、梅竹、山石，显得错落有致。

青花中的釉里红是用氧化铜在坯胎上绘画纹饰后罩透明釉，在还原气氛中一次高温烧出的白地红花瓷器。青花和釉里红除了所有绘画原料不同、成品效果不同以外，其制作技术、绘画方法和烧制工艺基本相同。

但是，釉里红的烧成气氛比青花的更严格，更不好掌握，元代釉里红瓷与元青花瓷一样，具有胎子细密、坚致、洁白，釉子白中闪青，非常光润的特点。

纹饰多见缠枝菊、牡丹、莲花、云龙、云凤、云鹤、孔雀、芦雁、人物故事等，边饰多为变体莲瓣、云肩、灵芝云、蕉叶、回纹、弦纹等。

元代釉里红莲纹玉春瓶

器型多为大罐、高足杯、匜、玉壶春瓶、塔式罐、谷仓、大盘、碗、瓷雕人物等。

如河北省保定市元代窖藏青花釉里红镂雕盖罐，通高41厘米，口径15.5厘米，足径18.5厘米。罐直口，短颈，溜肩，鼓腹，圈足，砂底无釉。附狮纽伞形盖。胎体上薄下厚，胎质细腻。

该罐青花色彩浓艳，釉里红略暗。通体青花釉里红纹饰。罐盖绘青花莲瓣纹、卷草纹、回纹各一周。罐身近口沿

元代青花荷叶形盖罐

处绘青花缠枝花纹、卷草纹各一周。

肩部绘下垂如意云头纹，云头纹内绘青花水波纹托白莲，云头纹之间绘折枝牡丹纹。腹部四面堆塑双菱形串珠开光，开光内镂雕山石、牡丹、菊花等四季园景，以釉里红绘山石、花卉，青花绘花叶，纹饰有浮雕效果。腹下部饰青花折枝莲花，与肩部云头纹相对应。近底处绘卷草纹及变形莲瓣纹，莲瓣纹内绘倒垂宝相花纹。

此罐造型丰满浑厚，纹饰层次鲜明，综合了绘、镂、塑、贴等多种技法，特别是镂花装饰在元代瓷器上较少见。青花、釉里红在作品中互为衬托，红、蓝交相辉映，整体形成一种气度雍容而又花团锦簇的艺术效果。

玉壶春瓶是元代景德镇瓷的常见器型，其品种有釉里红外、青花、青白釉、孔雀绿釉青花等多种。如釉里红划花兔纹玉壶春瓶，高20.5厘米，口径6.3厘米，足径6.8厘米。瓶撇口，细颈，垂腹，圈足。通体施青白釉。

肩部及腹径最大处各有暗刻弦纹4道，上腹部刻画一只野兔奔跑于花草间，小兔做回首观望状，以釉里红点睛，刻画技法娴熟，刀锋犀利洒脱，线条流畅自然，形象栩栩如生。花纹空白处随意涂抹釉里红，形成红地白花，增强了图案的艺术效果。瓶内口部涂抹釉里红。

小件用具再如釉里红转把杯，高10厘米，口径7.7厘米，足径3.8厘米。杯撇口，深腹，瘦底，下承以中空竹节式高足。通体施青白釉。杯身涂抹3块釉里红斑，并置一小圆系，杯底和高足以子母榫相衔接，可以自由转动而不脱开。

此杯装饰斑块发色鲜艳，似晚霞般美丽，实属难得之珍品。可以任意转动的杯足更增其玩赏性。

江西省高安元代瓷器窖藏也发现一件元代釉里红印花塑贴蟠螭纹高足杯，其杯足也可转动。由此可知，转把高足杯应是元代高足杯的时代特征之一，而且高安云龙纹梅瓶也体现了“至正形”元青花纹饰繁密、主辅结合、绘画精美的特点。

江西景德镇有一件色泽绚丽、造型奇特、精绝无双的瓷器珍品，即元代青花釉里红楼阁式谷仓，通高29.5厘米，横宽20.5厘米。仓楼为亭式重檐，瓦由釉里红点彩串珠组成，飞檐，朱栋，雕栏，造型别致，华贵绚丽，充分体现了江南木构建筑的特色。

该瓷谷仓脊吻塑双狮头，四角饰卷云，重脊中部各饰一朵云纹，正脊中部饰以带叶仰莲，上置扁平形矛头。仓楼系活动式装置，中有子母口覆盖于仓上，四立面下视均为四柱三间，仓楼

脊吻 分为正脊吻和垂脊吻，正脊吻也叫大吻，即是殿宇顶上的正脊两端的吻兽，一般是龙头形，张大口衔住脊端，故又称吞脊兽。垂脊上的吻兽名称较多，除叫垂脊吻外，还叫屋脊走兽、檐角走兽、仙人走兽等。

元代釉里红开光盖罐

元青花插瓶

内置宝座。正中后，以串珠组成“十”字形镂孔图案，与前楼相通。两旁有亭楼，底层前后均为两柱夹仓。

插板式活动仓门两侧用青料书直行楷书七言句对联，右联为“禾黍丰而仓廪实”，左联为“子孙盛而福禄崇”，横披为“南山宝象壮五谷之仓”。该仓后面柱间空当为墓铭，青料直行楷书，计12行，159字。左右亭正面墙各用红料楷书“五谷仓所”与“凌氏墓用”字。

瓷匠把青白釉、红釉、褐釉、釉里红和釉下彩青花集中于谷仓之上，瓦垅栏杆均以串珠纹组成。楼阁及两侧亭楼上塑有10个优伶，有的手执掌扇，有的怀抱琵琶，有的吹箫弄笛，有的甩袖起舞，上下左右有人物18个，姿态各异。

此外，元代其他地方瓷器还有吉州窑和玉溪窑等。

吉州窑白地黑花装饰技法缘于北方磁州窑，但又具有吉州窑自身的特色。其白地泛黄，黑花发褐，底色与纹饰色彩的对比没有磁州窑的白地黑花瓷那样强烈。

如元吉州窑白地黑花卷草纹罐，通高6.5厘米，口径5.5厘米，足径6厘米。罐直口，平底，附嵌入式盖。

外壁采用白地黑彩装饰，主题图案为缠枝卷草纹，盖面饰一折枝花卉纹。此罐形体较小，为蟋蟀罐。图案简捷流畅，自然大方。

玉溪窑的青花与景德镇的青花风格有着明显不同，玉溪窑青花器的胎质酥松，釉色泛黄，青花色调灰暗，釉面玻璃质感很强。

云南省禄丰元代火葬墓中发现有玉溪窑青花玉壶春瓶，高25.6厘米，口径6.7厘米，足径9.5厘米。瓶撇口，细颈，垂腹，圈足。通体施青黄釉，外壁以青花绘蕉叶、莲瓣、鱼藻纹。

此瓶的青花色泽虽不如景德镇青花，但绘画技法自然流畅，寥寥数笔即将纹饰表现得生动活泼，具有一定的艺术效果，充分反映出元代我国边疆地区制瓷业高超的工艺水平和精湛的技法。

阅读链接

《萧何月下追韩信》青花梅瓶的经历非常复杂。1950年，沐英墓被盗，这件青花梅瓶就是被盗文物之一，并很快被卖掉。据当年资深文物专家王引先生介绍，当时，有人在新街口附近，抱着个大瓷瓶子兜售。

刚巧，这一幕让当时开古玩店的收藏家、新中国成立后在南京文物公司工作的陈新民看到了。陈新民一见，便认出这是一只梅瓶，知道这东西不简单，当时他就判断这是元代的瓷器，便问那人从哪里得来的，要多少钱。

那人看到陈新民识货，便开始讲价。宝物求之不得，稍纵即逝。陈新民最后花重金把瓷瓶买了下来。后经文物专家鉴定，这只梅瓶是一级国宝，定名为“梅瓶”。后收藏于南京市博物馆。

景德镇一统天下的明代瓷器

明代青花瓷瓶

我国瓷器的发展，由宋代的大江南北成百上千窑口百花争艳的态势经由元代过度之后，到明代几乎变成了由景德镇各瓷窑一统天下的局面。

景德镇瓷器产品占据了全国的主要市场，因此，真正代表明代瓷业时代特征的是景德镇瓷器。

景德镇的瓷器以青花为主，其他各类产品如釉下彩、釉上彩、斗彩、单色釉等也都十分出色。

明洪武时期，景德镇青花色泽偏于黑、暗，纹饰上改变了元代层次较多，花纹繁满的风格，趋向

明代釉里红执壶

清淡、多留空白地。常见器型有玉壶春瓶、盏托、碗、盘口环耳瓶、折沿大盘、大罐、石榴尊等。

如青花花卉纹执壶，高27.8厘米，口径7.7厘米，足径11.7厘米。壶撇口，细长颈，斜肩，丰腹，下部饱满，圈足。

一侧置长流，流与颈间连以横片。另一侧置曲柄，连于颈、腹之间。通体青花装饰，口沿下饰回纹，颈部自上而下依次为蕉叶纹、回纹、缠枝灵芝纹、如意云头纹各一周，腹部绘菊花纹和山茶花纹，近足处绘莲瓣纹，流及柄均绘缠枝花卉纹。

壶附盖，盖面绘缠枝花纹。圈足内施白釉。无款识。此器造型优美，纹饰布局繁密，描绘细致，所用菊花和山茶为当时流行的纹饰，是洪武时期青花瓷器中的佳作。

这时期的釉里红瓷呈色不是很鲜艳，绝大多数泛灰色，纹饰多为双层瓣的缠枝扁菊花、牡丹、云龙、松竹梅、海水、莲花瓣四季花卉等。

如明洪武釉里红缠枝牡丹纹执壶，高32厘米，口径7.3厘米，足径11厘米。壶唇口，细颈，斜肩，硕

蕉叶纹 古代瓷器、青铜器常见纹饰，以芭蕉叶组成带状纹饰，特指以蕉叶图样作二方连续展开形成的装饰性图案。芭蕉直立高大，体态粗犷潇洒，但蕉叶却碧翠似绢，玲珑入画，兼有北人之粗豪和南人之精细，芭蕉冬死又复生，一年一枯荣，有的民族把它看成起死回生的象征。

■ 明代青花如意耳扁壶

腹，圈足。壶身作玉壶春瓶式，壶体一侧置弯曲细长的壶流，并以一云板形饰件与壶身相连，另一侧置曲柄，连接于颈腹之间，柄上端置一小系。

壶通体绘釉里红纹饰，唇口绘回纹一周，颈部分层绘焦叶纹、回纹、缠枝灵芝纹各一周，腹部满绘缠枝牡丹纹，壶流亦满饰缠枝花卉，壶柄绘有缠枝栀子花等纹饰，近足处为一周变形莲瓣纹，足外墙绘卷草纹。足内满施白釉，无款。

此壶造型优美，纹饰线条流畅，一气呵成。在装饰风格上一改元代纹饰繁密的特点，布局渐趋疏朗，采用分层装饰的手法，绘画粗犷而不失工整，具有鲜明的时代特征。

白釉 白釉是瓷器的本色釉。一般瓷土和釉料，都或多或少含有一些氧化铁，器物烧出后必然呈现出深浅不同的青色来。古代白瓷的制作，是选择含铁量较少的瓷土和釉料加工精制，使含铁量降到最低限度。这样施以纯净的透明釉，就能烧制白度很高的白瓷。白釉出现于北朝。

明永乐时期，鲜红釉、甜白釉和青花瓷器独树一帜，占有特殊地位，成为明清两代的典型。永乐瓷器的造型清秀、圆润、灵巧，胎土淘炼精细，胎体轻重适度，尤其以白砂底之细腻而著称。釉面肥厚，莹润平净，无橘皮纹。白釉器的口、底、边角与釉薄处多闪白色或黄色，釉汁厚聚处闪浅淡和虾青色。

永乐时青花器造型工整精致，色调凝重古雅，绚丽鲜艳，体态优美俊秀，用进口“苏泥勃青料”，烧造时有自然的晕散，形成浓重凝聚的结晶斑点，呈凹凸不平状。

并且从永乐时开始书写帝王年号款，均为“永乐年制”4字。这是陶瓷史上第一次烧制的帝王年号款，“永乐年制”4字为篆书，4字双竖行，印、刻或书写于器里心。

青花器为用青花书写；白釉器、青白釉器多为印款；红釉、青釉器多为刻款。永乐年号款无论刻、印、写，“永乐年制”4个篆体字的字体均较小。

永乐时民窑器上的吉祥款仍较多，有福、禄、寿、辰等，并且字体以洪武时的草书为主，后来发展到隶、草、行3种写款。另外，永乐朝也有少量的图把款。

某些特殊器型可视为始于或盛行于永乐朝，如瓢形扁壶、抱月瓶、大天球瓶、单面扁壶、双系盖罐、花浇、压子杯、尖底莲子碗等。

如明永乐青花缠枝莲纹花浇，高14.7厘米，口径8厘米，足径4厘米。花浇直口，直颈，溜肩，硕腹，足内凹，一侧以螭龙为柄，柄两端各有一头，一衔于外口，一作柄尾。

通体绘青花纹饰，口部边沿绘缠枝莲纹，颈部绘海水江崖及花瓣纹各一周，腹部主题纹饰为缠枝莲纹，近足处绘变形如意

篆书 我国古代的一种文字，是大篆、小篆的统称。大篆指甲骨文、金文、籀文等，它们保存着古代象形文字的明显特点。小篆也称“秦篆”，是秦统一后的通用文字，大篆的简化字体，其特点是形体匀逼齐整，字体较籀文容易书写，是大篆到隶、楷之间的过渡。

明永乐青花枇杷绶带鸟纹盘

■明代青花盖罐

头纹一周。

此花浇青花色泽浓艳，并带有黑色的结晶斑。其造型风格系仿西亚黄铜壶器物。

永乐为明代瓷器的发展时期，而宣德则为鼎盛时期。宣德青花以其胎土精细，釉汁均净，造型工整，凝重浑厚，胎质细腻，多细砂底，器形多样，青花浓艳，纹样优美而久负盛名。瓷器接口少见，胎体厚重、坚致。

宣德青花釉面特点为橘皮纹，青花器釉面呈亮青，前期与后期釉面稍白，中期为青白色，釉面均很细润。青花自然晕散，形成浓重的凝聚结晶斑，深入胎骨。宣德青花可谓青花之冠。

宣德瓷器纹饰一改永乐时的纤细风格，显得粗重豪放，笔法苍劲。尤以龙纹狰狞凶猛之状，可为明、清两代之最。

宣德瓷器署有年款的，较永乐时显著增多。一般为6字楷书款，亦有4字的，书写部位不定，全身均可书写，亦采用篆书，曾有宣德款识“满器身”的说法。彩瓷楷书写“德”字无“心”上一横，篆书写“德”字，“心”上都有一横。

青花暗花双凤穿花纹盘为宣德青花御瓷的卓越代表，其选料、制样、画器、题款无一不精，为宣德一

蓝釉 瓷器的釉色名。蓝釉最早见于唐三彩中。唐代的蓝釉，只有绮丽之感，缺乏沉着色调。高温蓝釉出现于元代。明以后，特别是在宣德时，蓝釉器物多而质美，被推为宣德瓷器的上品。至清康熙年间时，更出现洒蓝釉、天蓝等多种新品种。

朝新出样式，造型端庄美观，线条转折流畅生动，釉汁凝润泛青，胎骨坚致细薄。

口沿绘卷草纹一周，盘心装饰升降相对的穿花双凤纹，外壁亦绘饰前后对称的穿花双凤纹。双凤形态一致，皆为鸟首双尾，对称分布，展翅穿梭于缠枝番莲之中，风姿婉约，颇见飘逸之态。

青花暗花双凤穿花纹盘布局密而不乱，画工精湛，细腻的笔触下展现番莲舒展之妍美，为双凤增添动感，青花之浓淡深浅各具意态，笔墨意趣尽在眼前，气韵随笔而生，平添一分苍雅之美。

更为精绝之处是，内壁留空处暗刻穿花双凤纹与外壁相对应，如此复杂之工艺正是体现皇权的独尊，彰显宫廷艺术之华贵，可谓巧夺天工。

底心双圈内楷书“大明宣德年制”6字款，其风骨隽秀，笔意清新，端庄内蕴稚拙，莫不合乎晋唐小楷浑厚朴拙之法度。

砚红彩始于宣德，瓷釉为宣德创新品种之一，仿哥釉也是从宣德时开始的，黄釉是宣德时烧制成功的，青金蓝釉又称“雪花蓝”或“洒蓝”，为宣德时景德镇能工巧匠又一杰作。

如宣德黄釉青花栀子花果纹盘，为明代宫廷独具特色的品类，于宣德时期所创

黄釉 瓷器的釉色名。最早出现于唐代，当时安徽淮南寿州窑、河南密县窑等都烧黄釉。但正色黄釉，还是汝窑的高温黄釉，即茶叶末釉。明代黄釉有新的发展，洪武时老僧衣即是茶叶末的衍化；宣德年间的浇黄，成为明代黄釉的代表；清康熙时有淡黄，后又有金酱。

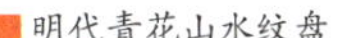

明代青花山水纹盘

明代黄釉青花纹罐

烧，流行至正德一朝而止。其纹饰构图前后相近，唯见青花与黄釉色泽区别明显，绘画技法亦各具特点。

此件即为正德官窑佳作。其造型周正规整，胎质坚致厚重，盘心绘折枝栀子花，内壁绘葡萄、荷花、石榴、柿子四式祥花瑞果，外壁绘缠枝茶花。画法古拙典雅而不失艳丽，青花渲染细腻，黄釉丰腴厚润，更见素雅高贵。

成化时期的瓷器造型庄重圆润，玲珑俊秀，小件居多，俗称“成化无大器”，但也不是绝对的。此时胎质纯洁细润，胎体轻薄，迎光透视呈牙白色或肉红色，如脂似乳，莹润光洁，釉质肥厚，光洁晶亮，胎精釉亦精，高穆深雅，同臻其妙。

成化青花瓷器，以淡雅、沉静的色调行于天下。但往往因釉质肥厚，青花色淡，而有云遮雾障若隐若现的现象。尤以底足的青花款色调，表现得最为突出。青花色调浓重者，相近于宣德晚期，并和多数浅淡色调，同时并存。

成化时期纹饰线条纤细，多用双线勾勒填色法，填色较淡。只用平涂，只分浓淡而不分阴阳，无渲染烘托。绘人物衣着，只绘单色外衣，无内衣作衬托，故有成窑“一件衣”的说法。

石榴 我国人视石榴为吉祥物，以为它是多子多福的象征。在我国悠久的历史中，人民非常喜爱它，因为它外表美观，口味酸甜，更是因为它寓意吉祥。石榴花艳丽如火的颜色，待到花开时节满枝的石榴花象征了繁荣、美好、红红火火的日子。

成化青花以淡雅著称，用“平等青料”取代“苏泥勃青料”呈色稳定，发色蓝中闪灰青，成化青花与弘治青花相类似，故有“成弘不分”的说法。

成化（1465—1487），是明宪宗朱见深的年号。明朝使用成化这个年号一共23年。明宪宗为明朝第八位皇帝，明英宗长子，初名朱见浚。1452年被废为沂王，1457年，英宗复辟，又被立为皇太子，改名朱见深。1464年登基，年号成化。

成化瓷器釉面，以细润见著，俗谓“明看成化，清看雍正”。成化官窑器年号款以青花楷体6字双竖行“大明成化年制”为主，体式比较统一，款的位置也大多数在器物底部。

除6字楷书双行款外，还有少量“大明年制”4字双行楷书款。但无论官民窑产品，均无“成化年造”“成化年制”4字款。

成化官窑器还有一种罐，款字只有一个“天”字，人称天字款罐。这种一个字的官窑器为成化独有，天字也极其有特色，字体极其肥胖。

成化青花缠枝花纹背壶，通高54厘米，口径6.5厘米。壶小口，两环耳，器身圆形如龟状。壶背面素胎，中心凹入一圈。壶正面隆起。釉色青白光洁，青花浓翠，深入胎骨，有铁锈斑点。

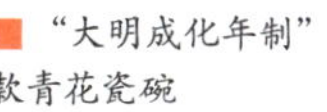

“大明成化年制”款青花瓷碗

正面中心隆起部绘八角锦纹，以海水江崖为地，中心四周为缠枝莲，外环以海水江崖。壶颈凸起弦纹，上绘缠枝花及海水江崖一周。

壶盖圆顶。盖面绘4株折枝花，叶蔓清

明代青花携琴访友盖罐

秀，运笔流畅，花大而叶小，叶纹为纤细齿状。此壶纹饰精美，是当时受西亚金属器皿影响而烧制的新器型。

斗彩为成化创新品种。如成化斗彩鸡缸杯，高3.4厘米，口径8.3厘米，足径4.3厘米。是在直径约8厘米的撇口卧足碗外壁上，先用青花细线淡描出纹饰的轮廓线后，上釉入窑经高温烧成胎体，再用红、绿、黄等色填满预留的青花纹饰中二次焙烧。

外壁以牡丹湖石和兰草湖石将画面分成两组：一组绘雄鸡昂首傲视，一雌鸡与一小鸡在啄食一蜈蚣，另有两只小鸡玩逐。另一组绘一雄鸡引颈啼鸣，一雌鸡与三小鸡啄食一蜈蚣，画面形象生动，情趣盎然。

弘治时期瓷器胎质与成化时相同，修胎规整纤巧，釉面肥腴滋润，洁白光亮。纹饰线条纤细、舒展，比成化时更为柔和透逸。

弘治时官窑盘碗之类和成化时基本一样，亦有“器足双边线”的特征。器足底釉面色调，由初期的白色逐渐转变为灰色，后期则为“亮青釉”。

弘治官窑瓷器款识大体同于成化，仍以青花楷书6字双行“大明弘治年制”为主，写于器底。有少量篆书4字双行写款“弘治年制”，多位于器里心。还

回纹 指我国民间称为“富贵不断头”的一种纹样。因为它是由横竖短线折绕组成的方形或圆形的回环状花纹，形如“回”字，所以称作回纹。连续的回纹可以呈现出整齐划一的视觉效果，所以它常被用作间隔或锁边图案，根据其纹样的特性，人们赋予了吉利永长的吉祥寓意。

有少量红彩楷书双行“弘治年制”款及刻款。弘治民窑器的款也较多，但较简单。

弘治青花茅山道士图三足香炉，表现了弘治时瓷绘的娴熟技巧，高12.2厘米，口径19.9厘米，足径12.4厘米。炉呈筒式，圆口，直腹，平底，下承以三小足。通体青花装饰，口、足上分别绘回纹与变形蕉叶纹。腹部主题图案为茅山道士图。外底施白釉。

此炉青花略有晕散，从造型和画风上看，是典型的民窑作品。绘画题材选取的是西汉的传说：相传西汉景帝时，有茅盈、茅固、茅衷三兄弟在江苏西南部的茅山修炼学道，并为民治病，后得道成仙，三人之间常乘白鹤往来。画面中的人物形神兼备，用笔潇洒，自然景色写实逼真。

弘治黄釉是明代黄釉烧制中最成功的品种，由于其黄色特别娇嫩，犹如鸡油之色，因此又称为“娇黄”或“鸡油黄”。

茅盈（前145—？），字叔申，西汉咸阳人，道家茅山派所奉祖师。他受曾祖茅濛事迹的启蒙，18岁时离家到北岳恒山中修道。他修炼服气、辟谷术，并且以高超的医术救治世人。后其弟茅固、茅衷从其修道，人称大、中、小茅君。后世称茅氏三兄弟为“三茅真君”。

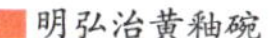

明弘治黄釉碗

正德年间龙纹青花瓷盘

如明弘治黄釉碗，高10.5厘米，口径23.6厘米，底径9.6厘米。侈口，圆腹，圈足。除底面外皆施黄釉，底面白釉，中有青花“大明弘治年制”双圈6字楷书款；釉面有细微开片。

正德时期，大器日益增多，修胎欠佳，接痕明显。此时处于明瓷由细致、薄胎向粗糙、厚重过渡的阶段，因而粗细兼有。釉面有白中闪青的特点。

正德瓷器图案纹饰中，多有表现伊斯兰教、道教色彩的装饰。青花器的绘画，除沿用一笔勾勒点画外，兼用双线勾勒、填色平涂法。民窑器物，大多粗率豪放。

正德官窑年号款以青花楷书6字双行“大明正德年制”和4字双行“正德年制”为主，其中以后者居多。款字的清花色泽有浓有淡，色淡者显得灰暗。

另有红彩书写的楷书双行“正德年制”款，色泽深者黑红，浅者十分艳丽。此时的花盆、炉、洗等彩瓷，多为楷书，4字一行刻款位于器口沿下，也有刻于器底的。

民窑器上年号款为“正德年造”“大明年造”及“天下太平”“长命富贵”“富贵佳器”等吉祥款。

如正德青花婴戏纹碗，高13厘米，口径22.1厘米，足径7.5厘米。碗敞口，瘦底，圈足。里口沿画青花双线，外口沿饰青花勾云纹，碗外壁以婴戏为主题纹饰，20个婴儿游戏于庭园中，姿态各异，空间衬以山石、松竹、柳树、栏廊等。足外墙绘回纹，足内无釉无款识。

此碗的造型色调、釉色、纹饰等方面均反映出正德青花瓷独特的风格特征。构图层次清晰，青花色泽明快，釉质莹润。

这一时期的人物绘画犹有宣德、成化朝之遗风，笔意浑厚和纤细工丽兼而有之。正德官窑青花器处于明中后期的转变阶段，从此碗的造型及纹饰可见其中的传承。

明初的瓷器常以梵文、阿拉伯文做装饰。由于正德皇帝重视伊斯兰教，所以当时阿拉伯文更为流行，出现在各类器物上，文字一般多含吉祥祈福之意。

有时内容已不重要，相当一部分文字已无法释出原意，而只是作为装饰纹样。这种瓷器上的阿拉伯文装饰是研究明代中叶伊斯兰文化与汉文化相互交融、影响的实物资料。

如正德青花阿拉伯文烛台，高24.6厘米，口径6.7厘米，足径13厘米。烛台分上、下两层，上层托盘小而浅，下承以细长的支柱，下层托盘为撇口，折底，盘下承以喇叭形外撇高足。通体青花装饰。小托盘外壁绘如意云头纹，大托盘外壁绘勾莲花枝纹，间以菱形纹饰。

支柱及高足外壁的中部均有圆形开光，内书阿拉伯文，开光上下绘勾莲花枝纹及菱形纹。近足底

婴戏纹 瓷器装饰纹样之一，以儿童游戏为装饰题材，故称婴戏纹，也是古代陶器纹饰。以婴儿为画面主角，内容有钓鱼、玩鸟、攀树折花等，生动活泼。较早见于唐代长沙窑釉下彩绘茶壶；宋、金时期，分别用刻划、印花、绘画等技法表现婴戏纹；明清时婴戏纹人数增多，以十六子和百子婴戏为典型。

“大明正德年制”款黄釉碗

■明正德黄釉盘

处绘如意云头纹。外底署青花楷书“大明正德年制”双行6字款，外围青花双线圈。

正德黄釉是承弘治之作，但釉色不如弘治黄釉那样浅而嫩，显得深而老，胎也较厚，是正德官窑的特色。

如明正德黄釉盘，高4.2厘米，口径20.7厘米，足径11.9厘米。侈口，圆腹，圈足。除器底外毕施黄釉，底面施白釉，中有青花“大明正德年制”双圈6字楷书款。

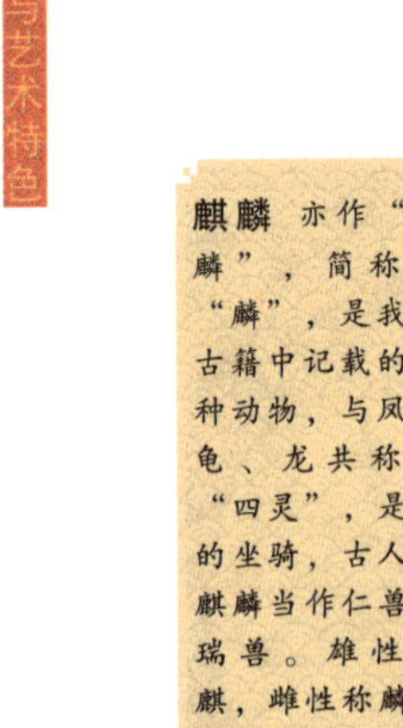

麒麟 亦作“骐麟”，简称为“麟”，是我国古籍中记载的一种动物，与凤、龟、龙共称为“四灵”，是神的坐骑，古人把麒麟当作仁兽、瑞兽。雄性称麒，雌性称麟，明代郑和下西洋带来了长颈鹿后，又用来代指长颈鹿。常用来比喻杰出的人。

嘉靖时期，瓷器的胎质不及前朝，器型多种多样，有方形、棱形。琢器胎体厚重，接痕显露。圆器多有随底心下凹和塌陷。一般器物釉面粗糙不平，官窑及民窑小件器物则细润肥厚，往往见釉下的青花轮廓线有模糊不清及晕散的现象。

嘉靖青花用回青料，有时加入石青，其色调呈特殊的紫蓝、青金蓝色，同时也有发浅淡黑灰色。青花及白釉器物，常于口部涂刷酱黄釉，形成黄口之特征。纹饰线条虽纤细清丽，画风多写意却显得粗率，画面多见道教色彩及吉祥祈福内容。器底施釉，多为亮青釉。

明嘉靖青花云龙纹缸

嘉靖官窑年号款全为楷体，有4字双行和6字双行，以6字双行“大明嘉靖年制”为主。也有6字一横行、6字环行、4字钱文十字排列的。款识位置主要位于器底，也有写于器口沿下的，还有写于器物肩部。除写款外，也有刻款。

民窑器上的赞颂款、吉祥款较前朝兴盛，且开始出现堂名款，如“滋树堂”“松柏草堂”“郭仁堂”等。

嘉靖青花有代表性的是青花三羊纹碗，高10.5厘米，口径16.3厘米，足径5.5厘米。是一件嘉靖年间宫廷用瓷器。碗呈仰钟式，内外均为青花装饰。碗心绘麒麟，辅以松、花草。碗内近口沿处绘锦纹。

外壁绘神态各异的三羊，一羊正面伫立，一羊侧面做行走状，一羊回首观望。三羊间衬以松、竹、梅及杨柳、芭蕉。外底署青花“大明嘉靖年制”6字双行款，外围双圈。

明嘉靖青花三羊纹碗

此碗所施白釉莹润泛青，青花发色浓重艳丽，所用青料当系嘉靖朝盛行的“回青”。所绘三羊图案为吉祥图案，寓意“三阳开泰”。

“三羊开泰”谐音“三阳开泰”，“三阳开泰”本意是

■ 明隆庆青花穿花龙纹梅瓶

《周易》的"泰"卦，为最吉利的一卦，是以三阳爻开始的，其意之所以吉利，是因其寓意"天地交而万类通，上下交而其志同"。

隆庆年间，青花色调蓝中泛紫，浓重艳丽。在嘉靖、隆庆、万历三朝的青花中，以隆庆时青花呈色最佳。

隆庆时期瓷器款识多写"大明隆庆年造"，极少写"制"字。

明隆庆帝在位时间短暂，仅6年，其间又遇洪灾，因此官窑产量相对较少。其产品以青花、五彩为主，但造型多样，富于变化，其中仅盒的造型就有四方、长方、八方及银锭式、盘肠式、瓜棱式等，新颖奇特，且制作精细，独具风格。

如明隆庆青花龙凤纹盒，高15.3厘米，口径20.9厘米，足径19.2厘米。盒扁圆形，盒盖平顶微隆，子母口，圈足。盖面绘青花龙凤穿枝花纹。

盖、盒外壁亦绘龙凤穿枝花纹，盖、盒口沿绘卷草纹，上下呼应，各组纹饰间以双弦纹相隔。

足内青花双圈内署"大明隆庆年造"6字款。此盒造型古朴大方，设色浓重艳丽，纹饰繁复，观赏性与实用性俱佳。

万历时期瓷器一般质地粗松，胎体厚重，器身多变形不规。青花色调，早中期呈蓝中泛紫，晚期为灰暗晕散，并开始采用浅描手法。

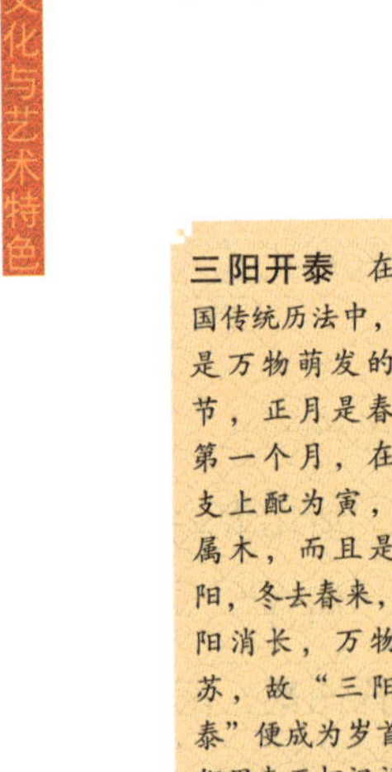

三阳开泰 在我国传统历法中，春是万物萌发的季节，正月是春的第一个月，在地支上配为寅，寅属木，而且是三阳，冬去春来，阴阳消长，万物复苏，故"三阳开泰"便成为岁首人们用来互相祝福的吉利之词，也常用"三羊"来代替"三阳"，有好运即将降临之意。

万历款识以书写6字双行“大明万历年制”为主，也有6字一行或三行的，还有4字双行、4字环行、4字钱文十字排列的。款的书写位置也很不固定，多数在器底，也有在器里心凹处的、肩部的、口边的等。

万历各类民窑款大为增多，斋堂款如“玄阴堂”“芝兰斋”等；吉祥款如“万福攸同”“德化长春”“福寿康宁”等；赞颂吉祥款如“玉堂佳器”“天禄佳器”“上品佳器”等。

万历朝创造了一些新的器物，有筒瓶、壁瓶、莲花瓣式盘、四吉祥开光花鸟盆、高达73厘米的大瓶和多棱器。主要造型有花觚，分撇口式、洗口式、倭角式、出戟式、海棠式，有四方形、六方形、瓜棱形，还有带环耳、兽耳、贴兽纹等。

雕塑类最著名的有青花吹螺人、布袋和尚、八仙、南极仙翁、真武神君、观音菩萨、文昌帝君、仕女、童子和各种佛像。

如万历青花经文观音菩萨图碗，高7.6厘米，口

观音菩萨 又作观世音菩萨、观自在菩萨、光世音菩萨等，是四大菩萨之一。他具有无量的智慧和神通，大慈大悲，普救人间疾苦。当人们遇到灾难时，只要念其名号，便前往救度，所以称观世音。在佛教中，他是西方极乐世界教主阿弥陀佛座下的上首菩萨，也是阿弥陀佛身边的胁侍菩萨。

明万历年间的青花瓷器

明代景德镇窑五彩花卉纹瓣口盘

径16.5厘米，足径7厘米。碗撇口，弧壁，玉璧形底。通体青花装饰。碗心书写青花楷体“南无无量寿佛”6字，环以缠枝花纹。外壁一侧绘观音像，渡海观音居中，足下波浪翻腾。

善财童子合掌相拜，韦驮双手合十，横置金刚杵护法。另一侧青花楷书经文112字，首句为“南无大慈大悲救苦救难观世音菩萨”，落款为“皇明万历四十四年岁次丙辰仲冬月吉日精造”。外底素底无釉，无款识。

此碗青花设色清新淡雅，富有层次，人物形象准确生动。最为珍贵的是署有纪年款，万历四十四年即1616年。而且此碗开斜削式细砂玉璧底之先河。

在成化彩瓷基础上，嘉靖、万历时期的五彩器又揭开了彩瓷发展史上的新篇章。成化斗彩瓷，色彩鲜艳，画染风格以疏雅取胜。

嘉万时期的五彩则是以红、淡绿、深绿、褐、紫及釉下蓝色为常见，彩色浓重，其中红、绿、黄三为

韦驮 又名韦驮天，本是婆罗门的天神，后来被佛教吸收为护法诸天神之一，在中国寺院通常将他安置在天王大殿弥勒菩萨之后，面对着释迦牟尼佛像，有保护佛教伽蓝之神职。韦驮像通常身穿甲胄，手持金刚杵，以杵拄地；或双手合掌，将杵搁于肘间，形体有如雄壮、威武勇猛的将军，但面容温和慈祥。

主，尤其是红色特别突出，因而使嘉万时期的五彩器在总体上有翠浓红艳的感觉，极为华丽。

如五彩镂空云凤纹瓶，高49.5厘米，口径15厘米，足径17.2厘米。瓶洗口，长颈，垂腹，圈足。颈两侧贴饰狮耳。通体以褐色或赤褐色勾勒轮廓，用釉下青花及红、黄、绿、茄紫、孔雀绿诸彩装饰，全器共绘8层纹饰。瓶腹镂雕9只凤凰飞翔于祥云之间，构成了器物的主题纹样。

瓶口镂空如意云头纹，颈部环绘五彩蕉叶纹，并镂雕若干飞舞的蝴蝶。颈部两侧堆雕的狮耳上有青花篆书“寿”字。颈下饰朵花和八宝纹。无款识。

整个器物自口至底，层层花纹密布，无纤毫隙地，可称艳丽之至。这时期的五彩，一反明成化时彩瓷之疏朗、优雅、宁静，变为浓艳热烈的风格，纹饰繁密杂乱，布满器身。华丽俗艳有余而高雅秀美不足，为万历年五彩之特征，此瓶即典型器物。

这件镂空云凤纹瓶不仅成功地运用了五彩装饰，而且以熟练的镂雕技艺，给人以巧夺天工之感。如此繁密的镂空与五彩装饰相结合的工艺，反映出当时瓷匠高超的技能，是万历时期五彩瓷中的珍品。

明代珐华镂空瓶

在装饰方法上，明代景德镇民窑为适应外销的需要，一改传统的自上而下划分装饰区域与层次的传统做法，创造出一种新的独具时代特色的装饰图案，为我国瓷器装饰的创新开拓了一条新的成功之路。

璎珞 古代用珠玉串成的装饰品，多用为颈饰，原为古代印度佛像颈间的一种装饰，后来随着佛教一起传入我国，唐代时，被爱美求新的女性所模仿和改进，变成了项饰。它形制比较大，在项饰中最显华贵。“璎珞”的制作材料由金、银、琉璃、砗磲、玛瑙等世间众宝所成，有“无量光明”之意。

明代晚期大量生产一种既有东方民族传统风格又充满着浓郁异国情趣的青花瓷盘，这种瓷盘的内壁6—8个开光，开光内绘各种不同的锦纹和结带、璎珞纹饰。盘心处绘云龙、博古、双鹿或其他题材。

这种器物在江西各地都有发现，这种被欧洲人称为“嘉橹”，日本人称为“芙蓉手”的瓷器，是当时外销瓷中的重要品种之一，为我国瓷器装饰增添了新的内容与形式。

如万历青花开光花鸟纹盘，高3.7厘米，口径21厘米，足径14厘米。盘撇口，浅壁，塌底，圈足。通体用青花装饰。盘心绘有花鸟纹，盘的内壁绘锦地开光8组，开光内绘花果纹，外壁开光内绘变形灵芝纹。圈足内施白釉，无款识。

天启、崇祯时期瓷器的器型大多不规整，而崇祯时的器型不规整的现象较天启时更为突出，一般的器物，胎体厚重，修胎粗糙，底足常常有旋削刀痕和重刮削痕，并且多有粘砂。而且，此时釉面亮青程度明显减弱，施釉稀薄。崇祯时，器口施黄色酱釉。

明天启年间青花香炉

青花主要有4种不同的色调，其中晕散和黑灰的与那种纤细轻淡的色调相差比较悬殊。崇祯时期，青花色调的晕散和走釉现象比天启时更甚。这样常使纹饰模糊不清，也有较鲜亮明快或类似天启时淡描色泽。

明天启年间青花松竹梅纹耳瓶

此时青花瓷纹饰中多反映出日本风格，如扇面纹、皮球花纹等。另外，这一时期盛行题诗联句的风气，尤其是豪放夸张的减笔写意画显主，并且与万历那种密麻凌乱的纹饰构图，形成鲜明对比。

天启器物款识很少，一般写于器底，格式为“大明天启年制”。崇祯时，从款识上看，有书官窑款识的，也有以隶书写干支纪年款的，此外，还多见随意乱写的“宣德”“成化”“嘉靖”等伪托前朝的年款。

明天启朝历时仅7年，传世品数量极少，所以带有明确纪年款的青花钟实属罕见珍品。如青花罗汉图钟，高19.6厘米，足径14.5厘米。钟为铜钟式，顶置双头龙纽。

此器里白釉无纹饰，器外通体都以青花为饰，钟顶的舞部与边部绘以缠枝花卉，腹部绘十八罗汉图，肩部环刻阴文“大明天启元年孟夏月造”铭。

此钟形制系模仿周代青铜打击乐器中的青铜钟。其造型秀丽，线条圆滑流畅，龙头钮设计巧妙，使精巧的瓷钟平添几分庄重气派。

钟体洁白莹润的釉面上，以工整细腻的淡描青花描绘十八罗汉图，画中人物或卧或立，各持法器，各显神通，形象鲜明生动。此钟在天启青花大多画意粗率的器物中堪称精美之作。

明代青花高足杯

明末清初时期，文学艺术繁荣，不仅为瓷器纹样提供了丰富的创作题材，而且还深刻影响着瓷器装饰画面的艺术表现手法。

民窑瓷器上的许多人物画中除了常见的婴戏图、八仙祝寿外，表现戏曲故事也特别盛行，《三国演义》《西厢记》《水浒传》等作品中的内容比比皆是，这与明代万历以来带有版画的戏曲剧本的大量流行有关。

如崇祯青花人物纹缸，高14.5厘米，口径19厘米，足径9.5厘米。缸直口，平沿，深腹，腹下渐收敛，平底，底心略凹。内施白釉。外壁绘青花人物纹。山石掩映的军帐前旌旗招展，大将吕布头戴束发金冠，身穿百花袍，身后有一侍者，周围站立几名武士，手持兵器。

吕布对面李肃手捧珍宝，献给吕布，其身后的几名随从也各持宝物。周围绘有旗帜、军帐、城池、山水、草木等。外底素胎无釉无款识。

此缸描绘的故事出自《三国演义》中的《馈金珠李肃说吕布》一节，李肃受董卓之命，带着赤兔宝马、黄金、珠宝、玉带等宝物来到洛阳城下的吕布军帐中，说服吕布投降。匠师巧妙地将此故事情节移植

《三国演义》 全名《三国志通俗演义》，元末明初小说家罗贯中所著，为我国第一部长篇章回体历史演义的小说，我国古典四大名著之一，历史演义小说的经典之作。以史为据，以儒家思想为本，强调“忠义”，刻画了为数众多的英雄人物。虚实结合，曲尽其妙。

到器物的装饰画中，人物形象生动，青花色泽浓艳，为崇祯朝青花瓷器中的上乘之作。

明代方斗碗

明代瓷器的造型除继承前朝的之外，也有因时代需要变化而新产生的，如永乐、宣德时期的压手杯、双耳扁瓶、天球瓶等。

成化时期则以“天”字盖碗等为典型器物；正德、嘉庆、万历各朝的大龙缸、方斗碗、方形多角罐、葫芦瓶等也都颇具代表性。另外也有各式文房用具如笔管、瓷砚、水注、镇纸、棋子、棋盘、棋罐等瓷器传世。

阅读链接

在青花瓷发展的基础上，明代的彩瓷发展也有一个新的飞跃。明代永乐、宣德之后，彩瓷盛行，除了彩料和彩绘技术方面的原因之外，更要归功于白瓷质量的提高。

明代釉上彩常见的颜色有红、黄、绿、蓝、黑、紫等，最具代表性的为成化斗彩，斗彩是釉下青花和釉上彩色相结合的一种彩瓷工艺。

例如，成化斗彩器的釉上彩，彩色品种多且能据画面内容需要自如配色，其鸡冠的红色几乎与真鸡冠一致，葡萄紫色则几乎是紫葡萄的再现。所以，彩瓷器一般都十分精巧名贵，如举世闻名的成化斗彩鸡缸杯等。

集历代之大成的清代瓷器

清代是我国制瓷史上的集大成时期，其制瓷水平达到了前所未有的高峰。数千年的经验，加上景德镇的天然原料，督陶官的管理，清朝初年的康熙、雍正、乾隆三代，因政治安定，经济繁荣，皇帝重视，瓷器的成就也非常卓越，皇帝的爱好与提倡，使清初的瓷器制作技术高超，装饰精细华美，成就不凡。

清顺治时期的花卉大罐

1644年，清世祖顺治帝入关，他是清入主中原后第一位皇帝，在位17年。他在位的这段时期，正是清朝建国初期百废待举的时期。

清顺治时期青花凤凰麒麟图罐

1651年，清室开始沿袭明代宫廷旧制，下令烧造黄龙碗等器。北京雍和宫藏有1651年江西监察奉敕敬造款的官窑青花云龙纹香炉。

由此推断，顺治官窑瓷器制作年代大部分应晚于1651年，属顺治晚期的作品，且产量很少。

顺治官窑器品种有青花、五彩、茄皮紫釉、黄釉、蓝釉、酱釉、白釉等。而民窑器烧造有青花、五彩瓷等，其中品种和数量较多的是青花瓷。

顺治一朝时间较短，且处于明末清初政权更迭的转变时期，故这一时期的无款瓷器常被笼统地称为“明末清初”瓷。

顺治时期瓷器造型也充分体现出这一过渡时期的风貌，有些沿袭了明末天启、崇祯时期瓷器的遗风，但也出现了一些新型品种，如筒花觚、洗口兽耳瓶等。民窑器多造型古朴稚拙，胎体厚重，器足宽厚，多为砂底。釉质青白，多白中闪青，如鸭蛋壳色。

顺治民窑器多不署年款，但有的署干支纪年款。顺治时期民窑瓷器器形有筒瓶、橄榄瓶、蒜头瓶、洗口兽耳瓶、筒花觚、观音尊、将军罐、莲子罐、香炉、筒式香炉、笔筒、净水碗、碗、盘、碟、杯等。

筒瓶，也称为“象腿瓶”，口微撇，短颈，溜

雍和宫 原为明代内官监官房。1693年成为康熙皇四子胤禛的府邸，胤禛即雍正帝。当时雍正驾崩后，乾隆将雍和宫改建为藏传喇嘛寺。后来成为北京市内最大的藏传佛教寺院，该寺院主要由3座精致的牌坊和五进宏伟的大殿组成。

内务府 清代独有的机构，职官多达3000人，可以说是清朝规模最大的机关。内务府主要职能是管理皇家事务，诸如皇家日膳、服饰、库贮、礼仪、工程、农庄、畜牧、警卫扈从、山泽采捕等，还把持盐政、分收榷关、收受贡品。

肩，腹为长筒形。顺治时期，将筒瓶寓意为“大清天下一统”，一直延续到康熙时期，成为当时最为流行的器物之一。

如顺治青花云龙纹橄榄瓶，通高54厘米，酱釉口，腹部绘火珠云龙纹，有“大清顺治庚子年”干支纪年款。

清朝前期，景德镇瓷器代表了国内乃至世界制瓷的最高水平。随着国内外及宫廷对景德镇瓷器的需求量的激增，使康、雍、乾三代的景德镇瓷业进入了制瓷历史高峰。

康熙时期，逐步将景德镇的御窑厂恢复完善，其产品质量更加好转，这一时期在整个清代瓷器发展过程中占有重要的地位。

康熙时期青花牡丹纹带盖筒瓶

康熙十七年，也就是1678年，派内务府官员至景德镇，驻厂督造，并开创了以督窑官姓氏称呼官窑的先例，比如，具有代表当时制瓷水平的“臧窑”“郎窑”等。

康熙瓷器品种繁多，千姿百态，造型普遍古拙，胎体比较厚重，较大型作品采用分段成型整体组合的技法，修胎工艺精细，交界处不留痕迹。

如康熙青花龙纹瓶，高23.5厘米，口径4厘米，足径6.1厘米。瓶口微撇，短颈，圆肩，肩以下渐收，圈足。瓶身绘立龙两条，张牙舞爪，龙身蜷曲，威武凶猛。足内有青花楷书“大清康熙年制”6字款。此瓶造型挺拔，为康熙官窑青花瓷器中的佳作。

康熙五彩釉瓷的主要颜色有红、黄、紫、绿、蓝、黑等，很少用青花，描绘精致；另一特征是在康熙后期的作品中，人物面部只用轮廓勾出而不填彩。

模仿前代名瓷也是这一时期的生产特点，如在造型上模仿古代铜器，在风格特点上模仿各大名窑的釉色纹饰等。这种模仿，很大程度上要依赖多种颜色釉的出现，如“臧窑”出产的蛇皮绿、鳝鱼黄、吉翠、浇黄等。

清代五彩釉高士筒瓶

1705年，朗廷极任江西巡抚，兼管窑务，史称“郎窑”。在其任职期间，大力推动瓷器革新，豇豆红、郎窑红、胭脂红、祭红、洒蓝、瓜皮绿、孔雀蓝、豆青、金银釉等花色品种纷纷出现，争奇斗艳。

如康熙豇豆红釉菊瓣瓶，高20.3厘米，口径5.2厘米，足径4.2厘米。瓶撇口，细长颈，圆肩，肩下渐收，圈足。因近底处凸雕一周细长的菊瓣纹，故称菊瓣瓶。

通体施豇豆红釉，釉色滋润淡雅，呈现出深浅变化的粉红色，其间夹杂少许绿色苔点。口沿露白色胎

巡抚 又称抚台，官名，我国明清时地方军政大员之一。巡视各地的军政、民政大臣。清代巡抚主管一省军政、民政。以“巡行天下，抚军安民”而名。巡抚，兼都察院右副都御史衔，从二品，加兵部侍郎衔，正二品。

康熙五彩长亭饯别图棒槌瓶

骨。底部施白釉，署青花“大清康熙年制”6字款。

豇豆红釉因烧制困难，故基本无大件器物，主要有瓶、太白尊、小盂、洗等文房用具。此菊瓣瓶釉色明艳匀净，是豇豆红釉中难得一见的上乘之作。

珐琅彩、粉彩是这一时期的重大发明。珐琅彩是从国外传入的一种装饰技法，初期珐琅彩是在胎体未上釉处先作地色，后画花卉，有花无鸟是一特征。

粉彩是在康熙五彩的基础上受珐琅彩的影响而产生的新品种，描绘人物服装或植物花朵时，先用含砷的“玻璃白”打底，再在上面用芸香油调和的彩料渲染。其效果较淡雅柔丽，视觉上比五彩软，所以也称“软彩”。

康熙后期的瓷画风格多受当时著名画家“四王”的影响，装饰内容多为山水松石、古装人物、神仙罗汉、仕女美妇等。

雍正时期是清代盛世之一，其瓷器生产达到了历史最高水平，制作之精冠绝于各代。总体风格轻巧俊秀，精雅圆莹。

这一时期的粉彩最为突出，大肆盛行，从而取代了康熙五彩的地位，成为釉上彩的主流。雍正粉彩不仅白地彩绘，还有各种色地彩绘，如珊瑚红、淡绿、酱地以及墨地等。

清宫珍藏的雍正粉彩镂空团寿盖盒，通高13.2厘米，口径21.7厘米，足径12.9厘米，盒呈扁圆形，上下子母口套合，盖面隆起，盖顶置宝珠形钮，圈足。盒内设9格，外壁以粉彩描绘缠枝花纹。

盖面先镂空缠枝莲纹，莲朵中心镂空团“寿”字，再以粉彩描绘。口沿涂金彩，近足处绘双重莲瓣纹，圈足外墙绘回纹。足内施孔雀绿釉，外底中心青花双圈内留白，以青花料篆书“雍正年制”双行4字款。

此盒以镂空加彩绘技法进行装饰，而且镂空技法娴熟，彩绘笔触细腻，堪称雍正粉彩瓷器中殊为少见的作品。

雍正瓷器造型不同于前代，在于它一改康熙时浑厚古拙之风，代之轻巧俊秀，典雅精致，外形线条柔和圆润。其胎体选料极精，壁薄体轻，匀称一致，仰光透视，略显淡青，呈半透明状，在纹饰上，釉下彩中青花釉里红的制作达到极盛阶段，青花和釉里红在同一种气氛中烧成，两种色泽都十分鲜艳。

1728年，唐英至景德镇御窑厂督导瓷器生产，取得了很大的成绩。青釉烧制技术达到历史上最高水平，仿官、哥、汝、钧等名窑制品也非常成功。出于康熙时期的茶叶末、铁锈花等铁结晶釉，在此时达到极盛。

稍后，唐英所作的《陶成纪事》中，总结了景德镇御窑厂的主要工艺，列出57条之多。许多颜色釉也在这一时期成熟起来，如祭红、祭蓝、粉青等。

雍正瓷器的款识，官窑早期流行“大清雍正年制”6字3行横排双圆

孔雀绿 亦称“法翠”，也叫翡翠釉或吉翠釉。釉色有深浅两种；深者色葱翠，釉内有细碎片纹，而且衬有酱白釉底，釉色鲜明艳丽；浅者主要在彩釉中配合使用，如茄皮紫等釉器，常加上孔雀绿。若将孔雀绿敷盖于青花上，则青花色调变黑，颇有宋代磁州窑孔雀绿黑花的效果。

■ 清代釉里红玉壶春瓶

琢器 瓷器在造型上的一种分类。是指不能在轮车上一次拉坯成形的器物，即立体造型的瓷器。琢器业始于明代，其产品时称印器，清代改称琢器，如瓶、尊、罐等。琢器是旧时制瓷业两大系列之一，其产品既有日用瓷，也有陈设瓷，它的工种称谓、生产工艺、行规习俗都有独特之处。

圈或方框竖写楷书款，珐琅彩器多署“雍正年制”或“雍正御制”款。民窑署字较草率，喜用吉语。

雍正朝官窑瓷器以造型端庄、做工精细著称。如雍正青花八宝勾云纹高足盅，高8厘米，口径9厘米，足径3.8厘米，盅撇口，弧腹，外撇高足。盅里光素，外绘青花纹饰，分别为云托八宝、缠枝花。足内边沿署青花“大清雍正年制”6字楷书款。

此瓶造型秀丽，构图疏密得当，工艺精巧。青花画风仿明永乐、宣德风格，以点染的重笔模仿铁结晶斑点，于清秀中显露出古朴刚劲之风。图案中的祥云，在传统文化中均属于吉祥图案，寓意福寿吉祥，为雍正官窑青花瓷器的杰出之作。

乾隆时期是清代社会发展的顶峰时期，御窑厂内聚集了大量管理人才和能工巧匠，使乾隆朝的烧瓷水平又有所进步。这一时期的产品从技术上讲虽精工细作，不惜工本，但从艺术格调上讲却显烦琐华缛，堆砌罗列，成为清代制瓷业的一个转折点。

乾隆粉彩九桃瓶

乾隆瓷器一方面保留古代的精华，另一方面吸收西方艺术。外观造型大部分比较规整，除常见器型外，出现了一些怪诞物件，主要用于赏玩，被称作“浑厚不及康

熙，秀美不如雍正”。

此时盛行在琢器上使用转心、转颈等技艺手段，制作工艺极其精致。象生瓷技术高超，仿木纹、仿竹器、仿漆器、仿金属器等，几可乱真。这与当时制瓷艺人的高超技术密不可分，他们高度准确地掌握了釉料的配制和火候的控制，以致惟妙惟肖地模仿别的物质效果。

粉彩蓝底轧道缠枝花干支笔筒

乾隆时期，粉彩完全取代了五彩，但产品的质量却不如前代。并且还在粉彩器皿上讲究用镂空、堆塑的装饰手段，辅以“轧道工艺”和开光、剔刻等。

有署“古月轩”的珍贵瓷器，是以乾隆宫中古月轩命名的，从景德镇挑选制造精良的素胎进京，命内庭供奉绘画高手绘画，于京城设炉烘烤而成。

翎管是古代官帽上插花翎的用具，为中空的圆柱体，顶端有圆形小钮，可缝缀于帽顶。乾隆时生产出精美的粉彩勾莲纹翎管，高4.3—6厘米，口径1.3—1.8厘米。此件瓷翎管以白地粉彩为主，绘有勾莲、蝙蝠、如意、寿字等图案。

清宫御用瓷器乾隆粉彩三秋图笔筒，高15厘米，口径19厘米，底径18.7厘米。底书“大清乾隆年制”6字3行篆书款。

笔筒为六方形，口沿描金，外壁6个面上分别绘有粉彩石榴、山茶、菊花并题写行书《咏石榴》、

隶书 亦称汉隶，隶字、古书。是在篆书基础上，为适应书写需要产生的字体。它是我国汉字中常见的一种庄重的字体，书写效果略微宽扁，横画长而直画短，呈长方形状，讲究“蚕头雁尾”“一波三折”。隶书起源于秦朝，由程邈整理而成，在东汉时期达到顶峰。

乾隆年间的粉彩双耳瓶

隶书《咏山茶》、篆书《咏菊花》诗三首，均为皇帝亲笔御书。石榴、山茶、菊花均是秋季花实，合称“三秋”图。

珐琅彩瓷在乾隆年间极为盛行，属宫廷垄断的工艺珍品。所需白瓷胎由景德镇御窑厂特制，解运至京后，在清宫造办处彩绘、彩烧。所需图式由造办处如意馆拟稿，经皇帝钦定，由宫廷画家依样画到瓷器上。

如乾隆珐琅彩福寿双耳瓶，高17厘米，口径4.2厘米，足径4.4厘米，盘口、细颈、硕腹、颈部有双耳、颈部图案和腹部分开，以图案花面为主，腹部饰葫芦和蝙蝠为主，寓意福寿双全，底部蓝料款“乾隆年制”4字，外加双方框。

瓷业兴、百业兴，乾隆时督陶官唐英《陶冶图说》：

景德镇袤延仅十余里，山环水绕，僻处一隅，以陶来四方商贩，民窑二、三百区，工匠人夫不下数十万，籍此食者甚众。

嘉庆时期，国家太平，各行承袭旧制，景德镇御窑厂已无督陶官，改由地方官员兼管，嘉庆后期开始，工艺日趋衰落，产品多显粗糙笨拙之象。除传统器型外，奇巧华丽的观赏品也逐渐减少，最重要的一点是缺乏创新。

嘉庆青花的纹饰题材丰富，受乾隆青花的影响甚为明显。绘画技巧上，随形变化，笔法纤细流畅，构图由繁缛逐渐变为疏朗，工笔多于写意。

如嘉庆青花云龙纹螭耳瓶，高25厘米，口径6.5厘米，足径7厘米，瓶撇口，直颈，溜肩，长圆腹，圈足。颈的两侧对称置螭耳。

瓶内施以白釉，外壁绘有青花云龙纹，辅以如意云头纹、海水纹、圈点纹等边饰。圈足内施白釉。外底署青花篆书“大清嘉庆年制”6字3行款。

瓶上的蛟龙体态矫健，穿行在海水上面的火云之中，给人以凶猛剽悍的视觉感受。此瓶上龙的形态体现了乾隆朝向嘉庆朝转变时期的装饰风格，体现了嘉庆官窑的制作水平。

帽筒是这一时期的重要器型，鼻烟壶及文具在士大夫阶层广为流行。此时珐琅彩已停烧，粉彩装饰盛行“百化不露地”的手法，也称“万花锦”。单色釉比以前也减少了一些品种，风格上与乾隆朝瓷器相同。

道光时期，陶瓷业随着国势衰微，其生产规模也大大下降，产品质量亦不如从前。

道光时期青花盉式壶

道光瓷器的造型特点比较明显。一是外形比较笨拙，缺乏灵性；二是线型不够圆润，板滞生硬；三是足脊多不平整。装饰图案中的人物形象有形无神，构图凌乱。

但唯一例外的是“慎德堂”款的御用粉

寿字纹 我国古代传统纹饰之一。是文字纹的一种。多施用于瓷器与布帛之上，以充装饰。文字本非图案，文字纹用于器物装饰第一种方式是将文字书写错落有致犹如花纹；第二种方式是将文字作图案化布局，作为装饰画面的组成部分。常见的单字文字纹除寿字纹外，还有万字纹、双喜纹等。

彩器皿，极为精美，不同于同时代的其他产品。“慎德堂”是道光皇帝的堂名，景德镇所产的器皿上以3字直款最为稀少，款多为抹红色，也有描金色，器皿多以折枝花为装饰。

如道光粉彩松绿地西番莲双喜纹夔龙耳瓶，撇口长颈，溜肩鼓腹，敛胫圈足。口沿描金，绘一周花蕾纹，颈两侧饰一对夔龙耳，肩部饰一道回纹与如意头纹。瓶身以松绿釉为地，上绘缠枝番莲托双喜字纹，以金彩书双喜字，图案寓有喜事连绵之意。

此瓶釉彩、纹饰直接沿承乾嘉时期的风格，气息华丽，其造型为典型的道光官窑规制，与许多落“慎德堂”款的花瓶一致，为御用珍品。

同治瓷器以承袭前朝为主，粉彩器以彩色为地，一般以淡黄、淡蓝、淡绿或淡紫为多见。“体和殿”款瓷器是为朝廷所造的陈设品，器型尚规整但略显呆板。这一时期的装饰图案多采用吉祥纹样以及龙凤云鹤等，格调不高。

■ 道光粉彩开光花鸟纹罐

同治黄地蓝寿字纹盘，是同治时期御窑厂为慈禧太后祝寿所订烧的瓷器之一，此盘高5.1厘米，口径17.3厘米，足径10.4厘米。

盘敞口，浅弧壁，圈足。里饰黄釉地蓝彩篆书“寿”字纹，以盘心团“寿”字为中心，由里向外排列4周，每周字数不同，但书写疏密一致。外壁饰白釉地粉彩折枝花卉纹3组。足内施白釉书红彩“同治年制”4字楷书款。

光绪年间青花龙纹罐

所谓“同光中兴”以后，社会局面有所稳定，陶瓷业也随之复兴，虽不及康乾旧貌，相对而言，在晚清时期也是比较繁荣的时期。

这个时期的产品基本上囊括了晚清以前所有的传统器型，同时有仿古亦有创新。如荷叶式盖罐、加铜质提梁的茶壶等器型都为新创。

青花精品极少见，多数以色调浮浅暗晦为特点，使用一种“洋蓝”，虽鲜艳却不美观，发蓝紫色，用线软弱散乱。青花加紫的装饰手法比较多见。

光绪朝慈禧御用制“大雅斋”款的官窑瓷器，是这一时期比较少见的精品，画风细柔，图案精巧，往往有“永庆升平”“天地一家春”“永庆长春”等章，制品以豆青地黑线双勾花者最多，五彩器物也多见，所装饰内容多为牡丹、萱花、绣球之类。

如光绪粉彩花蝶纹扇式盆，高4.5厘米，口长11.5厘米、宽25厘米，盆呈扇式，斜壁，下承六云头足。外底红彩书“永庆长春”4字楷书款。

盆里施淡蓝釉，外壁粉彩绘桃树、蝴蝶纹。口沿下方红彩书“大雅斋”3字楷书款和“天地一家春”5字篆书款。

粉彩万寿无疆纹碗

清代陶瓷生产，除以景德镇的官窑为中心外，各地民窑都极为昌盛兴隆并得到很大的成就，尤其西风渐进，陶瓷外销。

西洋原料及技术的传入，受到外来影响，使陶瓷业更为丰富而多姿多彩，也由于量产及仿制成风，画院追求工细纤巧，虽有惊人之作，但少创意而流于匠气。

阅读链接

清代著名的督陶官唐英，在景德镇督陶时所烧制的瓷器世称“唐窑”。唐窑瓷器非常精美，其制作水平和质量都达到了前所未有的高度。

唐英在景德镇督陶近30年，是景德镇御窑厂督陶时间最长、成绩最显著的督陶官。

他悉心钻研陶务，身体力行，不仅经验丰富，而且还对景德镇瓷业生产技艺进行科学总结，从理论上加以提高，先后编写出《陶务叙略》《陶冶图说》《陶成纪事》《瓷务事宜谕稿》等著作。

中华精神家园书系

建筑古蕴

壮丽皇宫：三大故宫的建筑壮景
宫殿怀古：古风犹存的历代华宫
古都遗韵：古都的厚重历史遗韵
千古都城：三大古都的千古传奇
王府胜景：北京著名王府的景致
府衙古影：古代府衙的历史遗风
古城底蕴：十大古城的历史风貌
古镇奇葩：物宝天华的古镇奇观
古村佳境：人杰地灵的千年古村
经典民居：精华浓缩的最美民居

古建风雅

皇家御苑：非凡胜景的皇家园林
非凡胜景：北京著名的皇家园林
园林精粹：苏州园林特色与名园
秀美园林：江南园林特色与名园
园林千姿：岭南园林特色与名园
雄丽之园：北方园林特色与名园
亭台情趣：迷人的典型精品古建
楼阁雅韵：神圣典雅的古建象征
三大名楼：文人雅士的汇聚之所
古建古风：中国古典建筑与标志

古建之魂

千年名刹：享誉中外的佛教寺院
天下四绝：佛教的海内四大名刹
皇家寺院：御赐美名的著名古刹
寺院奇观：独特文化底蕴的名刹
京城宝刹：北京内外八刹与三山
道观杰作：道教的十大著名宫观
古塔瑰宝：无上玄机的魅力古塔
宝塔珍品：巧夺天工的非常古塔
千古祭庙：历代帝王庙与名臣庙

文化遗迹

远古人类：中国最早猿人及遗址
原始文化：新石器时代文化遗址
王朝遗韵：历代都城与王城遗址
考古遗珍：中国的十大考古发现
陵墓遗存：古代陵墓与出土文物
石窟奇观：著名石窟与不朽艺术
石刻神工：古代石刻与文化艺术
岩画古韵：古代岩画与艺术特色
家居古风：古代建材与家居艺术
古道依稀：古代商贸通道与交通

古建涵蕴

天下祭坛：北京祭坛的绝妙密码
祭祀庙宇：香火旺盛的各地神庙
绵延祠庙：传奇神人的祭祀圣殿
至圣尊崇：文化浓厚的孔孟祭地
人间天宫：非凡造诣的妈祖庙宇
祠庙典范：最具人文特色的祭祠
绝代王陵：气势恢宏的帝王陵园
王陵雄风：空前绝后的地下城堡
大宅揽胜：宏大气派的大户宅第
古街韵味：古色古香的千年古街

物宝天华

青铜时代：青铜文化与艺术特色
玉石之国：玉器文化与艺术特色
陶器寻古：陶器文化与艺术特色
瓷器故乡：瓷器文化与艺术特色
金银生辉：金银文化与艺术特色
珐琅精工：珐琅器与文化之特色
琉璃古风：琉璃器与文化之特色
天然大漆：漆器文化与艺术特色
天然珍宝：珍珠宝石与艺术特色
天下奇石：赏石文化与艺术特色